W0326219

# La crise de l'euro

*Comprendre les causes*
*En sortir par de nouvelles institutions*

Patrick Artus, Isabelle Gravet

# La crise de l'euro

*Comprendre les causes*
*En sortir par de nouvelles institutions*

ARMAND COLIN

Ouvrage publié sous la direction d'Alain Beitone

**Parmi nos récentes publications**

*La croissance économique,* Jean-Luc Gaffard
*Les marchés de capitaux,* Didier Marteau
*Économie de l'environnement et économie écologique,* Éloi Laurent et Jacques Le Cacheux
*Microéconomie en pratique,* Emmanuel Buisson, Marion Navarro

ISBN : 978-2-200-27962-2
© Armand Colin, 2012
www.armand-colin.com

En application des articles L. 122-10 à L. 122-12 du code de la propriété intellectuelle, toute reproduction à usage collectif par photocopie, intégralement ou partiellement, du présent ouvrage est interdite sans autorisation du Centre français d'exploitation du droit de copie (CFC, 20, rue des Grands-Augustins, 75006 Paris). Toute autre forme de reproduction, intégrale ou partielle, est également interdite sans autorisation de l'éditeur.

# Sommaire

# Les auteurs

Patrick ARTUS est Directeur des études économiques et de la recherche de Natixis, professeur associé à l'université Paris 1 Panthéon – Sorbonne, membre du Conseil d'analyse économique auprès du Premier ministre et du Cercle des économistes. Il est l'auteur de nombreux livres dont, en 2011, *La France sans ses usines* (avec M.-P. Virard) aux éditions Fayard ; *Pourquoi il faut partager les revenus* (avec M.-P. Virard, 2008, La Découverte) ; *Les incendiaires. Les Banques Centrales dépassées par la globalisation* (2007, Perrin).

Isabelle GRAVET est professeure de Sciences économiques et sociales à l'Institution des Chartreux à Lyon et chargée de cours à l'université de Lyon II.

# Avant-propos

Autant les développements de la crise de la zone euro (récession, crise des dettes publiques, menace de défaut de la Grèce, crise bancaire) sont bien connus, autant les causes fondamentales de cette crise sont souvent analysées de façon très superficielle. Les connaître précisément renseigne pourtant sur les très grandes difficultés de fonctionnement d'une union monétaire composée de pays divers et sans unification politique.

Au départ de tout se trouve l'hétérogénéité croissante des pays de la zone euro liée à la fois à des erreurs de politique économique, ce qui est rattrapable, mais aussi au mécanisme parfaitement normal de spécialisation des pays dans des productions différentes. Il aurait fallu comprendre, dès le départ, que l'unification monétaire était une machine à fabriquer de l'hétérogénéité et que jusqu'à présent les institutions n'ont absolument pas été construites pour la corriger ou l'accompagner. D'où aujourd'hui la divergence de certains pays. De plus, l'hétérogénéité a conduit aux dettes extérieures et contrairement à une idée reçue, une dette extérieure illimitée ne peut pas être accumulée par les pays, même si les emprunteurs et les pays prêteurs partagent la même monnaie. La crise a donc marqué le retour de la contrainte extérieure.

Qu'entend-on par hétérogénéité ? Pas de simples écarts entre les cycles économiques des pays mais l'hétérogénéité structurelle, qui vient de choix différents et durables de politiques économiques, de fonctionnements différents des marchés (du travail, du crédit bancaire) et surtout, ce qui sera très important dans notre réflexion, des différences fortes entre les structures productives des pays de la zone euro : certains d'entre eux ont des industries fortes et des excédents de leur commerce extérieur ; d'autres sont devenus des économies de service avec des déficits extérieurs. L'hétérogénéité prend alors la forme de taux de croissance à long terme différents, de situations extérieures différentes, de niveaux de vie différents.

Ce livre met aussi en évidence la multitude d'erreurs de politique économique qui ont été commises, non seulement depuis la création de l'euro, mais aussi dans la gestion de la crise qui débute à l'automne 2009. La politique monétaire n'a pas réagi à la bulle de l'endettement et de l'immobilier, les dirigeants européens n'ont pas su différencier les crises de solvabilité des crises de liquidité, or les réponses diffèrent considérablement selon la nature de la crise. Les mesures prises ont donc été inadaptées, faute d'avoir identifié l'origine de la crise. Les responsables économiques de la zone ont visiblement une déficience d'analyse des problèmes fondamentaux de la zone euro, obnubilés qu'ils sont par la certitude de la convergence entre les pays qu'apporterait l'euro (on verra plus loin que c'est l'inverse) et par la lutte contre l'inflation, alors que le problème était l'instabilité financière. Le FMI (Fonds Monétaire International) souvent critiqué aurait sans doute eu une approche beaucoup plus claire de la nature de la crise, en sachant faire la différence entre des pays dont il faut rétablir la solvabilité comme la Grèce et des pays pour lesquels il faut rétablir la capacité à se financer comme l'Italie.

Il reste maintenant à sortir de la crise et à mettre en place les institutions du futur pour l'Europe. Le rejet du fédéralisme par les pays d'Europe du Nord, qui semble fort, interdit pratiquement toutes les solutions de solidarité. Le risque est donc que la seule issue, si le fédéralisme n'est pas accepté, soit le durcissement des règles de politique économique, pays par pays. Ceci est très dommageable car cela priverait la zone euro d'une partie des bienfaits de l'intégration économique et financière.

Au-delà de la stabilité financière, il faut comprendre que la crise vient de l'économie réelle et en particulier de l'incapacité de certains pays, compte tenu de leur spécialisation productive, à obtenir seuls une croissance suffisante. Le remède artificiel qu'a constitué l'endettement ne pourra plus être utilisé après la crise et laisse entier le problème d'une croissance durable de ces pays.

Les dettes privées et publiques qui ont déclenché la crise n'étaient que le moyen de corriger artificiellement les problèmes structurels des économies réelles (désindustrialisation, perte d'emplois qualifiés...).

Ce livre montre bien le décalage entre certaines explications, qui semblent consensuelles, de la crise ou des évolutions économiques dues à l'euro, et la réalité des évolutions observées depuis la fin des années 1990 concernant la politique de la BCE (Banque Centrale Européenne), la divergence des pays, la nécessité à moyen terme, même dans une union monétaire, d'équilibrer les comptes extérieurs en l'absence de fédéralisme. Les politiques économiques ayant reposé sur ces consensus biaisés, il n'est pas étonnant qu'elles aient conduit à la crise, et qu'elles l'aient amplifiée.

# Introduction

La zone euro est depuis le début de la crise grecque au bord de l'implosion. Un doute profond s'est progressivement généralisé à l'ensemble des pays, et une question a émergé : la création d'une monnaie unique, l'euro, était-elle une erreur ? La construction européenne aurait-elle franchi cette étape trop tôt, était-il possible de lier à ce point les destins de nos nations ?

Si l'on revient sur la genèse de cette crise de la zone euro, il apparaît en fait que plusieurs crises peuvent être dissociées. Les pays du Sud de la zone (Espagne, Grèce, Italie, Portugal) sont affectés par des crises liées au financement de leurs importations et de leurs déficits publics. À ces crises s'est ajoutée une crise du financement de la dette souveraine en Grèce qui a mis au jour la fragilité de la construction institutionnelle de la zone euro. La possibilité de défaut de la Grèce, quelle que soit sa forme, est apparue comme une preuve de la faiblesse des fondations de la zone euro.

Que s'est-il passé entre la naissance de l'euro, le 1er janvier 1999, et l'été 2011 ? Comment les économies de la zone euro, contraintes par les politiques menées par les gouvernements pour favoriser un processus de convergence ont-elles pu à ce point diverger ? Le respect des critères du Pacte de Stabilité et de Croissance (PSC) en termes d'inflation, de taux d'intérêt à long terme, de déficit budgétaire et de dette publique a longtemps laissé penser que les économies de la zone continuaient leur processus de convergence, entamé à la suite du

Traité de Maastricht. Cependant, la convergence de ces indicateurs ignorait les transformations profondes qui traversaient les économies européennes. En effet, la création d'une monnaie unique a enclenché une dynamique rendant les économies de la zone de plus en plus hétérogènes. Or, cette hétérogénéité consécutive à la création de l'union monétaire n'a pas été perçue. Les conséquences de cette hétérogénéité ont été ignorées par les gouvernements. De ce fait, les politiques n'ont pas accompagné ou contenu les transformations à l'œuvre. Pire, lorsque la crise a éclaté, les erreurs d'appréciation sur ses causes profondes l'ont aggravée.

Ainsi, comprendre les causes profondes de cette crise suppose d'observer comment la création d'une union monétaire a renforcé l'hétérogénéité des économies nationales, faisant ainsi apparaître des déséquilibres que la construction européenne n'avait pas envisagés. Ces déséquilibres, à l'origine des différentes crises qui ébranlent la zone euro, ne pourront perdurer. La résolution de ces crises supposera vraisemblablement, au-delà des ajustements macroéconomiques, des modifications institutionnelles, une meilleure prise en compte des contraintes liées à la construction européenne dans la définition des politiques nationales ou communautaires et enfin une redéfinition des missions de la BCE.

Nous allons donc analyser successivement les causes de l'hétérogénéité de la zone euro, la nature de la crise et les erreurs commises lors de la gestion de la crise, et les remèdes possibles à la crise.

Donnons brièvement le plan de ce livre.

**Premier chapitre : l'hétérogénéité de la zone euro est la cause profonde de la crise**

Contrairement à une idée reçue, les pays d'une union monétaire deviennent plus différents et non pas plus semblables, puisqu'ils se spécialisent dans des productions différentes après la disparition du risque de change.

Certes, il existe une mauvaise hétérogénéité qui vient des mauvaises politiques économiques (bulles immobilières, excès d'endettement autorisé sans réaction) ou de différences structurelles qui ne devraient pas subsister entre les pays (fonctionnement du marché du crédit, du marché du travail). Mais il existe une bonne hétérogénéité, liée à une spécialisation productive efficace. C'est ainsi que certains pays se sont spécialisés dans la production de produits industriels, d'autres dans la production de services, ce qui crée de fortes différences entre leurs situations de commerce extérieur, leur croissance de long terme, leurs niveaux de vie.

Cette hétérogénéité n'a absolument pas été prise en compte lorsque les institutions de la zone euro ont été définies, puisqu'au contraire tout a été basé sur l'idée fausse que l'euro allait rendre les pays de plus en plus semblables. La crise résulte du conflit entre ces institutions fondées sur l'homogénéité et la réalité caractérisée par une hétérogénéité croissante.

**Deuxième chapitre : la nature de la crise et les erreurs commises dans la gestion de la crise**

On peut croire que la crise de la zone euro est une crise des finances publiques, de l'excès des déficits publics et des dettes publiques. Pour des raisons simples à comprendre, la crise des dettes publiques s'est transformée en une crise des banques (détentrices de dettes publiques) et une crise macroéconomique (avec les politiques budgétaires restrictives et la hausse du coût des financements).

Mais, au départ, fondamentalement, la crise est une crise de balance des paiements : les pays en crise accumulent des dettes extérieures parce qu'ils ont des déficits extérieurs structurels, et, à un certain niveau de dette extérieure, ils ne trouvent plus de prêteurs non résidents. Ils ne peuvent plus financer leur déficit extérieur ou renouveler leur dette extérieure, et ceci se transforme en crise des finances publiques puisque les États ont alors des difficultés à financer leurs déficits publics.

Pour sortir d'une double crise de balance des paiements (d'endettement extérieur) et des finances publiques, dans une union monétaire sans fédéralisme la seule voie a été la contraction de la demande intérieure, d'où la montée du chômage; les politiques restrictives visant à la fois à réduire les déficits publics et faire disparaître les déficits extérieurs qui ne sont plus finançables. Les États ont mis longtemps à comprendre la nature de la crise; s'agissait-il d'une crise de solvabilité, de liquidité, de spéculation? Les difficultés à comprendre la nature de la crise; expliquent les hésitations des gouvernements et les erreurs de politique.

L'interprétation a changé ainsi que la réponse de la politique économique. Le pire piège est sans doute l'enchaînement dépressif dans lequel la zone euro est prise aujourd'hui, et cette spirale dépressive menace l'existence même de l'euro. Or, une explosion de la zone euro génèrerait des coûts énormes, en particulier des coûts patrimoniaux.

**Troisième chapitre : trois types de remèdes à la crise**

La crise résulte selon nous de trois types de défaillance des institutions de la zone euro qu'il faut corriger pour sortir de la crise.

Tout d'abord l'absence d'une institution qui puisse prêter rapidement des montants importants à un pays frappé d'une crise de liquidité pour qu'il ne soit pas en cessation de paiements. Cette institution devrait nécessairement avoir accès à la création monétaire pour être efficace, ce qui n'est malheureusement pas prévu aujourd'hui. Nous revenons plus loin sur l'extension du concept de Prêteur en Dernier Ressort pour les prêts des Banques Centrales aux États.

Ensuite ? Une supervision efficace et sérieuse des politiques économiques et des stratégies de croissance des pays de la zone euro devrait être instaurée. Il ne s'agit pas de vérifier l'application de « ratios miracle » (déficit public, inflation), mais d'éviter les déséquilibres qui amènent à la crise : excès d'endettement, disparition de l'industrie, bulles immobilières...

Enfin, il faut absolument, et ceci a déjà été écrit plus haut, que les institutions soient compatibles avec l'hétérogénéité naturelle souhaitable des pays.

Certains pays ont normalement des déficits extérieurs puisqu'ils se spécialisent dans les services non exportables. S'ils ne peuvent pas avoir de dette extérieure, ils seront contraints à une contraction insupportable de leur niveau de vie, et finalement préféreront sortir de l'euro. La seule organisation institutionnelle capable de maintenir dans la même monnaie des pays hétérogènes est évidemment le fédéralisme, sous une forme ou une autre, inévitable pour éviter la croissance déprimée et l'explosion de l'euro.

# Chapitre 1

# Les causes fondamentales de la crise : les hétérogénéités

Pourquoi avoir fait une monnaie unique ?

Avant de présenter les raisons fondamentales de la crise de la zone euro, il convient de rappeler les raisons pour lesquelles les États ont créé une monnaie unique.

L'existence de monnaies différentes génère des coûts de transaction lors des échanges internationaux. Ces coûts correspondent non seulement aux frais de change mais aussi au risque de change. Le risque de change est un frein à la croissance de la production.

Si une entreprise souhaite produire des biens pour l'ensemble d'une zone géographique, plusieurs possibilités s'offrent à elle. Soit elle réalise l'ensemble de sa production sur son territoire et ensuite elle exporte une partie de sa production, soit elle produit dans les différents pays. Si l'entreprise produit dans un seul pays, elle peut craindre que la monnaie d'un pays vers lequel elle exporte soit dépréciée ou dévaluée. En effet, une dévaluation augmente mécaniquement le prix des produits importés et par conséquent la demande des produits importés baisse. Prenons l'exemple de l'industrie automobile. Si une entreprise automobile française exporte vers l'Espagne dans les années 1990, elle peut craindre le risque de dévaluation de la peseta. Une dévaluation de cette monnaie augmenterait immédiatement le prix des voitures françaises exportées vers l'Espagne, diminuant ainsi la demande pour ces voitures. La baisse des exportations vers l'Espagne diminuerait alors le volume de la production. Pour ne pas se retrouver avec des capacités de production excédentaires, en cas de dévaluation, cette entreprise renonce de ce fait à produire autant que le marché espagnol pourrait absorber. Ainsi, le risque de change incite les industriels à restreindre leurs capacités de production, quitte à ne pas satisfaire pleinement la demande potentielle de la zone.

Une autre possibilité, pour cette entreprise, est d'installer une partie de ses sites de production dans le pays susceptible de connaître une dévaluation. En effet, une dévaluation entraîne une diminution des importations dont les prix ont augmenté mais la production réalisée sur le territoire national ne subit pas une augmentation de prix comparable. Seuls les prix des matières premières et des biens intermédiaires importés qui seront utilisés lors de la production progressent. Ainsi, en cas de dévaluation, la demande pour les biens produits sur le territoire ne diminue pas autant que la demande pour les biens importés. Cependant, un problème demeure pour la maison-mère. En effet, la dévaluation de la monnaie entraînerait une diminution des profits telle qu'il n'y aurait plus intérêt à conserver un site de production dans cette région. Le risque d'une rentabilité du capital productif trop faible peut ainsi amener une entreprise à limiter le développement de filiales dans des pays connaissant un risque de dévaluation. À nouveau, le risque de dévaluation limite la capacité de production, mais cette fois-ci, dans une autre partie de la zone.

De fait, les entreprises limitent leurs capacités de production sur l'ensemble de la zone. Dans les deux cas, le niveau de production est en deçà du niveau de production optimal, ce qui limite la production et l'emploi. L'existence d'un risque de change freine la croissance. Ainsi, les avantages d'une monnaie unique apparaissent clairement. En effet, la disparition du risque de change incite les firmes à ne plus limiter leurs investissements et à satisfaire toute la demande potentielle.

C'est la raison pour laquelle il est optimal de créer une monnaie commune pour des pays qui réalisent l'essentiel de leurs échanges dans une zone donnée. En supprimant les risques de change, une monnaie commune favorise la croissance dans la zone concernée.

**Encadré 1**

**Risque de change et spécialisation productive**

Avant la création de l'euro, dans les années 1990, on a encore observé de violentes variations des taux de change (graph. 1).

1 – Taux de change contre Deutsche Mark

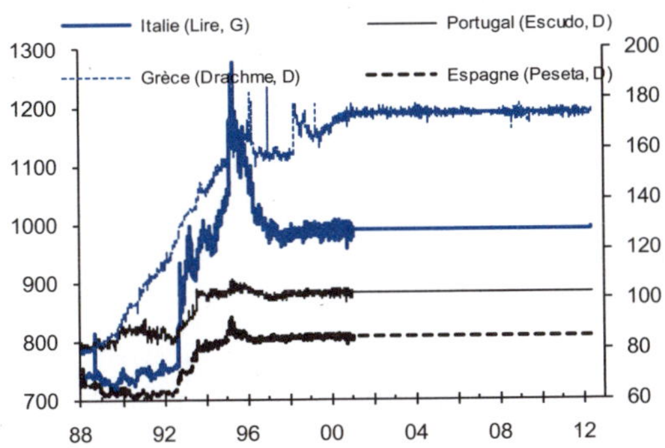


Sources : Datastream, Natixis.

Le risque de dépréciation des monnaies du Sud de la zone euro empêchait la spécialisation productive entre ces pays et les pays du Nord. Produire des biens industriels dans les pays du Nord pour les exporter et les vendre dans les pays du Sud était trop risqué puisque, si ces pays dévaluaient, le prix de vente de ces biens exportés devait baisser et leur production n'était plus rentable dans les pays du Nord. C'est donc à partir de la disparition du risque de change entre les pays du Nord (comme l'Allemagne) et les pays du Sud que :

– l'industrie s'est concentrée dans les pays du Nord (graph. 2) ;
– l'Allemagne a obtenu des excédents commerciaux croissants vis-à-vis du reste de la zone euro (graph. 3).

**2 – Emploi manufacturier (en % de l'emploi total)**

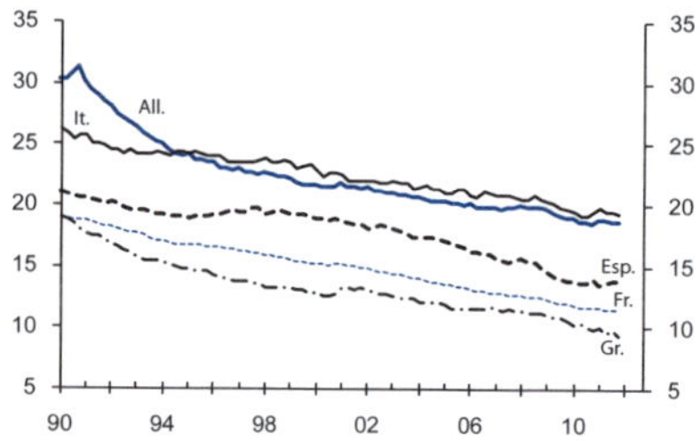


Sources : Datastream, Eurostat, Natixis.

**3 – Allemagne : balance commerciale avec la zone euro (en Mds d'€, annualisée)**

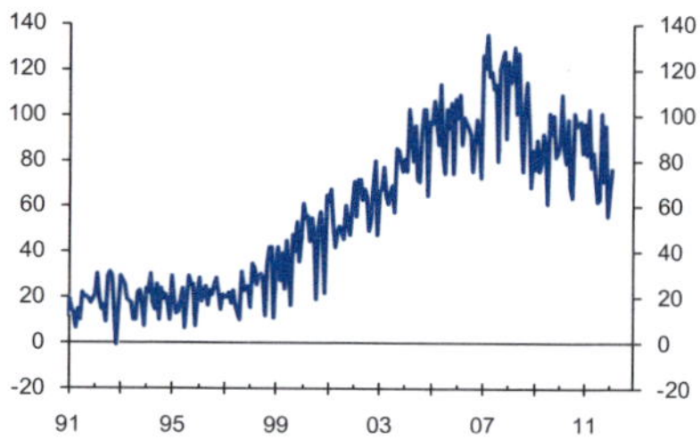


Sources : Datastream, Bundesbank, Natixis.

Cependant, pour créer une monnaie commune à un ensemble d'États souverains, des conditions doivent être remplies. En effet, à une seule monnaie ne correspond qu'une seule politique monétaire. De ce fait, se pose la question de l'efficacité d'une politique monétaire unique pour une zone aussi hétérogène que la zone euro. Cette situation n'est pas singulière. La Réserve Fédérale américaine définit une seule politique monétaire pour un ensemble d'États fédérés dont l'hétérogénéité est grande. Certains États ne possèdent quasiment pas d'industrie, l'informatique est produite essentiellement en Californie et les automobiles dans la région des Grands Lacs. Ainsi, les chocs affectant les États-Unis produisent des effets différents en fonction des spécialisations productives de chacun des États.

La question d'une politique monétaire unique dans une zone constituée d'États différents avait été soulevée bien avant la création de la zone euro.

Mundell[1] avait ainsi établi qu'une zone regroupant plusieurs pays pouvait avoir une seule politique monétaire, à condition que les fluctuations économiques soient communes à l'ensemble des pays. Les fluctuations économiques sont la succession des périodes d'expansion (les périodes d'accélération de la croissance) et de récession (les périodes de ralentissement de la croissance). En effet, en présence de chocs produisant des effets sur l'ensemble de la zone, une politique monétaire unique peut apporter une réponse adéquate. Si une récession affecte l'ensemble de la zone, il est optimal que la Banque Centrale diminue le taux d'intérêt pour diminuer le coût du financement et favoriser la reprise.

Ainsi, pour Mundell, il est possible d'avoir une seule monnaie dans une zone si la politique monétaire peut agir sur les fluctuations économiques affectant l'ensemble de la zone, cette zone est alors qualifiée de Zone Monétaire Optimale (ZMO).

Des travaux ultérieurs[2] ont complété l'apport de Mundell en montrant qu'une politique monétaire unique pouvait d'ailleurs rendre les fluctuations économiques communes.

L'adoption d'une même monnaie par différents pays supprime l'ensemble des coûts liés aux variations des taux de change des monnaies entre elles. De ce fait, les échanges entre les différents pays de la zone sont facilités par la seule suppression des taux de change. Le poids du commerce intrazone augmente, ce qui favorise la transmission des fluctuations d'une économie à l'autre. En effet, une accélération de la croissance dans un des pays accroît les importations en provenance des autres pays, tirant ainsi la

1. Robert A. Mundell, 1961, "A theory of Optimum Currency Areas".
2. Jeffrey A. Frankel, Andrew K. Rose, 1998, "The Endogeneity of the Optimum Currency Area criteria".

croissance du reste de la zone dans son sillage. Les fluctuations des économies nationales tendent ainsi à devenir similaires, tout en se synchronisant. L'adoption d'une monnaie unique permet ainsi une convergence des fluctuations économiques, cette convergence permettant en retour la définition d'une seule politique monétaire pour l'ensemble des pays de la zone. Il s'agit quasiment d'un raisonnement circulaire, puisque la création d'une monnaie unique permet de produire les conditions nécessaires à l'existence d'une monnaie unique. Le fait de créer une union monétaire est porteur des conditions nécessaires à l'existence de cette union.

Les faits ont d'ailleurs permis d'observer ce que la théorie économique avait prévu, puisque les fluctuations économiques ont réellement convergé. Pourtant, la croissance dans la zone euro est aujourd'hui en berne (voir tableau 1 ci-dessous) et le chômage est à son plus haut depuis 1999 dans les pays du Sud. Que s'est-il passé ? Pourquoi la zone euro est-elle depuis le début de la crise grecque si proche de l'éclatement ?

Tableau 1
Croissance en volume dans la zone euro

| en % | 2004 | 2005 | 2006 | 2007 | 2008 | 2009 | 2010 | 2011 | 2012 (*) | 2013 (*) |
|---|---|---|---|---|---|---|---|---|---|---|
| **zone euro** | 2,0 | 1,8 | 3,4 | 3,0 | 0,3 | –4,2 | 1,8 | 1,5 | –0,3 | 0,7 |
| **Allemagne** | 0,7 | 0,8 | 3,9 | 3,4 | 0,8 | –5,1 | 3,6 | 3,1 | 1,2 | 2,0 |
| **France** | 2,3 | 1,9 | 2,6 | 2,3 | –0,2 | –3,0 | 1,6 | 1,7 | 0,5 | 1,0 |
| **Espagne** | 3,3 | 3,6 | 4,1 | 3,6 | 0,9 | –3,7 | -0,1 | 0,7 | –2,1 | -0,6 |
| **Italie** | 1,6 | 1,1 | 2,3 | 1,5 | –1,2 | –5,5 | 1,8 | 0,5 | -1,7 | -0,2 |

Source : FMI, EIU, IIF
(*) Prévisions Natixis

La zone euro, comme toutes les unions monétaires, est une machine à fabriquer de l'hétérogénéité. La zone euro est en fait confrontée depuis sa création à des hétérogénéités d'origines différentes, qui sont des hétérogénéités structurelles, compatibles avec le fait que les cycles soient semblables, comme on vient de le voir. Les tendances structurelles des pays divergent même si leurs fluctuations conjoncturelles sont semblables.

Tout d'abord, la spécialisation productive génère une hétérogénéité qui améliore l'efficacité de l'appareil productif. Cette hétérogénéité doit être encouragée car elle augmente le bien-être. Par ailleurs, les politiques menées par les différents pays de la zone génèrent des hétérogénéités nuisant à la croissance et qui devraient être corrigées. Enfin, la politique monétaire menée dans une zone hétérogène ajoute à son tour une hétérogénéité inévitable sans aménagement institutionnel.

### *L'hétérogénéité souhaitable liée à la spécialisation productive*

La création de la zone euro favorise la spécialisation productive et génère un processus d'hétérogénéité croissante. Cette hétérogénéité est souhaitable, car elle augmente la production.

La création d'une union monétaire entraîne une intégration commerciale croissante et une meilleure synchronisation des cycles

Dans le processus de construction européenne, la constitution du Système Monétaire Européen (SME) a diminué les coûts liés à l'existence de monnaies différentes, puisque les fluctuations des monnaies entre elles étaient limitées, et la création de l'euro les a totalement supprimés. Il était attendu que la monnaie unique favorise les échanges entre les pays de la zone euro, et la progression des échanges a bien été observée. Les importations en provenance des autres pays de la zone euro ont doublé depuis 1999, quand les importations en provenance de pays ayant des niveaux de développement comparables ont stagné (Japon) ou augmenté de 50 % avec les pays de l'ALENA (Canada, États-Unis, Mexique). Comme prévu, l'unification monétaire a conduit à une intégration commerciale croissante, les économies de la zone tendant à ne constituer qu'un seul marché.

À la suite des travaux de Frankel et Rose, il était également attendu de l'intégration économique qu'elle entraîne la convergence des fluctuations économiques de la zone, autrement dit la convergence des cycles. Et une fois encore, ce qui était attendu a été observé. Les cycles se sont en effet synchronisés, les périodes de récession et les périodes d'expansion se succédant de manière simultanée pour l'ensemble des économies nationales. En effet, l'augmentation des échanges intrazone a augmenté le poids des exportations à destination de la zone euro dans le PIB (Produit Intérieur Brut) de chacun des pays. De ce fait, les fluctuations des demandes nationales ont eu davantage d'impact sur les autres pays de la zone. Ainsi, la reprise de l'activité en 2009 s'observe non seulement en Allemagne mais aussi dans l'ensemble des pays de la zone, même si la vigueur de la reprise diffère selon les pays. L'augmentation des importations allemandes tire les exportations de ses partenaires commerciaux européens et donc l'activité de ces derniers.

L'augmentation des échanges entre les pays de la zone a amélioré la synchronisation de leurs cycles, les fluctuations de la demande extérieure affectant davantage chacune des économies. Cette synchronisation des cycles confirme la convergence des fluctuations économiques. Pour autant, cette convergence des fluctuations économiques ne signifie pas qu'il y ait eu une convergence des structures productives. En effet, l'intégration économique a modifié la spécialisation productive.

L'intégration commerciale modifie la spécialisation productive et entraîne une plus grande hétérogénéité des structures productives

Selon Krugman[1], la création d'une union monétaire accroît la spécialisation productive. Avec la disparition du risque de change, chaque entreprise peut de manière plus simple vendre sa production dans l'ensemble de la zone. En conséquence, pour chaque entreprise, la taille du marché augmente et dans le même temps la concurrence entre les firmes s'intensifie. Des entreprises renoncent à produire certains biens et augmentent la production d'autres biens.

L'augmentation des échanges entre les pays de la zone euro modifie ainsi la spécialisation productive. En effet, chaque pays modifie sa production, augmentant la production de certains biens qui seront en partie exportés et important les biens qu'il renonce à produire. L'Allemagne, par exemple, produit davantage de voitures et importe une quantité plus importante de pièces détachées pour la construction automobile. La France a quant à elle renoncé à la production des plus petits modèles automobiles qu'elle importe et a conservé la production des modèles automobiles de plus grosse cylindrée (encadré 2).

1. Paul Krugman, 1993, "Lessons of Massachusetts for EMU".

**Encadré 2**

**Production automobile**

L'industrie automobile permet d'illustrer les logiques à l'œuvre, tant au niveau des entreprises que des productions nationales. Deux entreprises européennes (Peugeot SA et le groupe Volkswagen) ont significativement augmenté leur production depuis la création de la zone euro, en suivant des stratégies différentes.

PSA (Peugeot Citroën) a mené une stratégie de montée en gamme et a délocalisé la production et l'assemblage des petites cylindrées. Les plus petits véhicules des deux marques sont ainsi produits exclusivement en République Tchèque, où les coûts de la main-d'œuvre sont plus faibles.

De ce fait, si la production mondiale de PSA augmente de 700 000 voitures (hausse de 25 % du volume de la production) entre 1999 et 2010, le nombre de véhicules produits sur le territoire français diminue de 450 000 unités.

Volkswagen externalise aussi une partie de sa production vers les autres pays mais avec une logique un peu différente. En effet, entre 1999 et 2010 le groupe augmente le nombre de véhicules produits de 43 %, développant également une partie de sa production dans les autres pays européens. Pour autant, la production réalisée sur le territoire allemand ne diminue pas. Au contraire, la production des Audi, véhicules haut de gamme du groupe, augmente de 380 000 unités, et la production des Volkswagen, dont le niveau de gamme est plus faible est restée stable.

Les différentes stratégies des entreprises s'agrègent et modifient ainsi la spécialisation productive des États. Ainsi, entre 2 000 et 2011, la production automobile augmente en Allemagne, en Autriche et en Slovénie, alors qu'elle diminue dans tous les autres pays de la zone (tableau). Plus particulièrement, la production française diminue d'un million de véhicules lorsque la production allemande progresse de 800 000 unités. Des politiques divergentes en termes de coût du travail, eu égard à la productivité, ont de fait modifié la localisation de la production.

**Tableau – Production automobile (exprimée en nombre de véhicules)**

| | 2000 | 2005 | 2009 | 2010 | 2011 |
|---|---|---|---|---|---|
| **Allemagne** | 5526615 | 5757710 | 5209857 | 5905985 | 6311318 |
| **Autriche** | 141026 | 253279 | 72334 | 104997 | 152505 |
| **Belgique** | 1033294 | 926528 | 537354 | 555302 | 562386 |
| **Espagne** | 3032874 | 2752500 | 2170078 | 2387900 | 2353682 |
| **Finlande** | 38926 | 21644 | 10971 | 6665 | 2540 |
| **France** | 3348361 | 3549008 | 2047693 | 2229421 | 2294889 |
| **Italie** | 1738315 | 1038352 | 843239 | 838186 | 790348 |
| **Pays-Bas** | 267319 | 180748 | 76751 | 94132 | 73151 |
| **Portugal** | 246724 | 221060 | 126015 | 158729 | 192242 |
| **Slovaquie** | 181783 | 218349 | 461340 | 561933 | 639763 |
| **Slovénie** | 122949 | 177951 | 212749 | 211340 | 174119 |
| **Zone euro** | 15678186 | 15097129 | 11768381 | 13054590 | 13546943 |

Source : OICA (Organisation internationale des constructeurs d'automobiles).

Les conséquences sur les structures productives et les emplois de la spécialisation ne sont pour autant pas connues par avance. Les effets de la spécialisation dépendent du type de spécialisation qui se dessine.

Deux sortes de spécialisation productive peuvent se développer, dont les effets diffèrent. Si la spécialisation est de type intrabranche, les pays ne se spécialisent pas dans la production de certains biens en abandonnant la production d'autres biens, ils se spécialisent dans des « variétés » fines à l'intérieur de chaque groupe de biens. Par exemple, un pays n'arrête pas de produire des voitures, mais se spécialise dans la production de certaines gammes de voitures. Dans le cas d'une spécialisation intrabranche, les poids des secteurs ne varient pas avec la spécialisation. Le secteur manufacturier, par exemple, conserve la même part dans la production nationale. De ce fait, l'emploi industriel ne diminue pas et les balances commerciales restent équilibrées. Si la production agroalimentaire, les productions de biens de consommation, de biens d'équipement évoluent sensiblement au même rythme sur la période, dans l'ensemble des pays, nous sommes en présence d'une spécialisation intrabranche. Cette spécialisation n'est pas source d'hétérogénéité. Et en cas de choc sectoriel, les pays sont affectés comme avant l'union monétaire. Ainsi, une baisse de la demande sur le marché automobile touche tous les pays produisant des automobiles, qu'ils produisent des petites cylindrées ou des voitures haut de gamme.

Par contre si la spécialisation est de type interbranche, les pays se spécialisent dans la production de certains biens. Dans ce cas, un pays fabrique davantage de voitures, un autre pays arrête de fabriquer des voitures. Alors, les poids relatifs des secteurs évoluent. Pour certains pays, le poids du secteur industriel peut diminuer, le volume des exportations de biens manufacturés peut baisser et l'emploi industriel peut chuter, si la spécialisation se fait de l'industrie vers les services non échangés.

Symétriquement, d'autres pays produisent davantage de biens industriels et augmentent leurs exportations. Le poids dans le PIB de la production manufacturière diminue dans certains pays tandis qu'il progresse dans d'autres régions, les structures productives se différencient, devenant plus hétérogènes. En cas de choc sectoriel, les effets sont différents de ceux observés avant l'union monétaire, puisque les spécialisations productives ont évolué. Une chute de la demande automobile affecte les pays producteurs alors que les pays ne produisant plus d'automobile ne ressentent aucun effet de ce choc. Une spécialisation interbranche accroît de ce fait l'hétérogénéité de la zone. Les économies suivent alors des trajectoires divergentes et des déséquilibres extérieurs peuvent apparaître.

Par certains aspects, la spécialisation à l'œuvre depuis la création de l'euro est de type intrabranche. Les constructeurs automobiles français ne produisent plus leurs plus petites cylindrées en France, mais en Slovénie, en Slovaquie ou en République Tchèque. Les constructeurs automobiles allemands continuent d'assembler les véhicules dans les usines situées en Allemagne, mais ont transféré une partie de la production des pièces détachées vers les pays d'Europe de l'Est. Une production automobile est toujours réalisée en France et en Allemagne, mais cette production s'est transformée, la France renonçant à la production des plus petits véhicules, l'Allemagne renonçant à une partie du processus productif. Cependant, l'essentiel des transformations consécutives à la création de la zone euro ne relève pas d'une spécialisation intrabranche, mais d'une spécialisation interbranche.

La production manufacturière baisse en Espagne, en France, en Grèce, en Italie et au Portugal entre 1999 et 2011. Dans ces pays du Sud de la zone euro, la production agroalimentaire progresse sur la même période. Ces évolutions de la production expliquent la dégradation du commerce extérieur. Le solde de la balance commerciale des biens de consommation devient déficitaire en 2000 et ce déficit ne cesse de se creuser jusqu'en 2008. Plus globalement, les pays du Sud de la zone enregistrent des déficits des balances commerciales pour toutes les branches de l'industrie sauf l'agroalimentaire.

Symétriquement, la production manufacturière progresse sur la même période dans les pays du Nord de la zone euro (Allemagne, Autriche, Belgique, Finlande et Pays-Bas). Dans le Nord de la zone euro, toutes les branches de l'industrie ont un solde de leur balance commerciale en excédent, sauf les biens intermédiaires, et les excédents commerciaux pour les biens de consommation ne font que s'accroître jusqu'en 2008.

Deux groupes de pays se détachent, le groupe des pays du Nord dont la production industrielle augmente, et le groupe des pays du Sud où la production industrielle baisse. La spécialisation à l'œuvre dans la zone apparaît donc comme une spécialisation interbranche, le Sud de la zone euro connaissant une désindustrialisation (voir encadré 3).

**Encadré 3**

**Le Nord et le Sud**

Les pays du Nord de la zone euro (Allemagne, Autriche, Belgique, Finlande, Pays-Bas) ont conservé une industrie de grande taille, et ont développé un excédent commercial considérable ; la situation est à l'opposé pour les pays du Sud de la zone euro (Espagne, France, Grèce, Italie, Portugal).

1a – Valeur ajoutée dans le secteur manufacturier (en volume, en % du PIB)

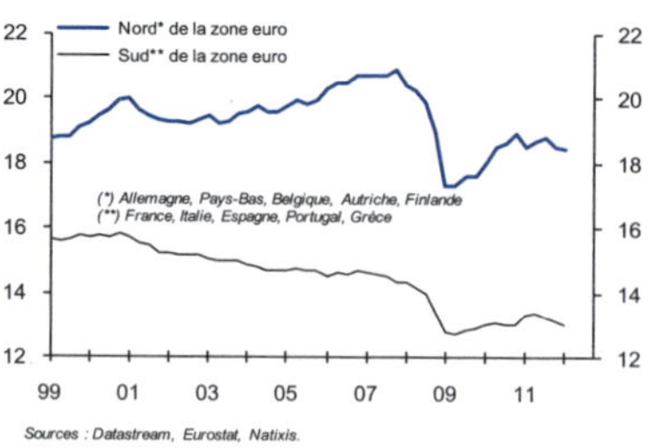


1b – Zone euro : production manufacturière

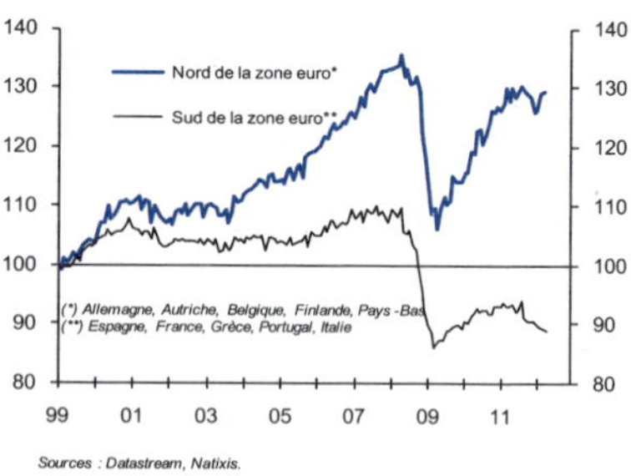


*(100 en 1999 : 1)**

** séries basées à 100 au début de 1999 (janvier)*

**1c – Zone euro : balance commerciale (en Mds d'euros, annualisée)**

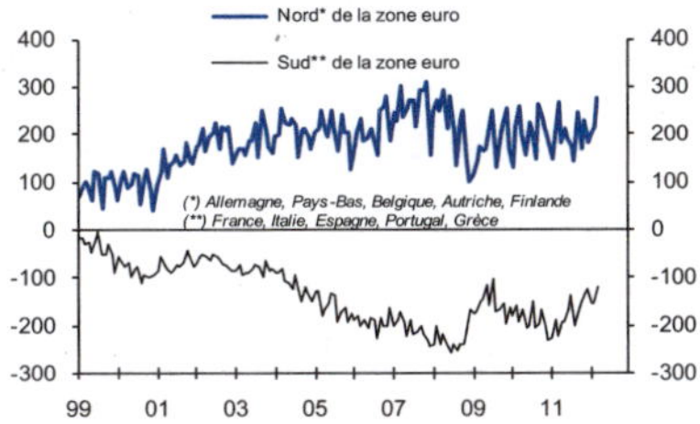


*Sources : Datastream, Services des Douanes, Natixis.*

Ceci est confirmé par l'évolution de l'emploi. La construction, les services aux particuliers, les transports, les loisirs, l'hôtellerie et la restauration sont par essence des secteurs non exposés à la concurrence internationale, ce sont des secteurs protégés. Dans le Nord de la zone, le nombre d'emplois dans les secteurs protégés est resté stable depuis 1999 alors qu'il a augmenté de 25 % dans le Sud entre 1999 et 2008.

Ainsi, l'union monétaire a clairement développé une spécialisation interbranche, modifiant les structures productives nationales. Le Nord de la zone conserve une spécialisation industrielle, quand le Sud se désindustrialise et se spécialise dans la production de biens non exportables. Cette spécialisation s'opère en fonction des dotations en facteurs de production, conformément au modèle Heckscher-Ohlin-Samuelson (voir encadré 4).

**Encadré 4**

**Heckscher-Ohlin-Samuelson**

La spécialisation productive selon Heckscher-Ohlin-Samuelson vient des dotations en facteurs de production.

Supposons qu'il y ait deux pays, produisant deux biens échangeables, dont la production nécessite deux facteurs de production, par exemple, du travail non qualifié et du travail qualifié, qui ne sont pas mobiles entre les deux pays.

Supposons que le premier pays dispose relativement de plus de travail qualifié que de travail non qualifié par rapport au second pays.
Si les deux pays n'échangent pas, ils vont fabriquer les deux biens pour satisfaire leurs demandes intérieures des deux biens. Le premier bien nécessite pour être produit beaucoup de travail qualifié, le second bien beaucoup de travail non-qualifié.
Cependant, le premier pays qui dispose de peu de travail non-qualifié va produire le second bien, ce qui va détourner le travail qualifié de son utilisation normale; le second pays qui dispose de peu de travail qualifié va produire le premier bien, ce qui va détourner le travail non-qualifié de son utilisation normale. Dans les deux pays, les productions des deux biens seront donc réduites par l'utilisation inefficace des facteurs de production.
S'il y a ouverture des échanges et spécialisation productive :

- le premier pays (riche en travail qualifié) va se spécialiser dans la production du premier bien (qui nécessite beaucoup de travail qualifié);
- le second pays (riche en travail non-qualifié) va se spécialiser dans la production du second bien (qui nécessite beaucoup de travail non qualifié);
- globalement les quantités produites des deux biens vont augmenter : la spécialisation dirige dans chaque pays les facteurs de production vers la production du bien où leur productivité marginale est supérieure à celle obtenue dans la production de l'autre bien;
- avant l'ouverture des échanges, le travail non qualifié était rare dans le premier pays, le travail qualifié rare dans le second pays; l'ouverture des échanges et la spécialisation conduisent donc à l'abandon de la production du second bien nécessitant beaucoup de travail non qualifié et donc à une baisse du salaire relatif des non-qualifiés dans le premier pays (où le travail qualifié est abondant). Dans le second pays, l'abandon de la production du premier bien nécessitant beaucoup de travail qualifié entraîne une baisse du salaire relatif des qualifiés dans le second pays (où le travail non qualifié est abondant).

Ceci est à l'origine de l'ouverture des inégalités de revenus dans le premier pays où le travail qualifié est abondant.
Il y a une hausse globale de la production et du bien-être, mais création d'un problème redistributif.

Chaque pays se spécialise dans les productions pour lesquelles il est relativement plus efficace. Les pays qui disposent d'une main-d'œuvre qualifiée peuvent renoncer à produire des biens peu sophistiqués et produire davantage de biens sophistiqués pour lesquels leurs travailleurs seront plus productifs.

Symétriquement, les pays dont la main-d'œuvre est faiblement qualifiée ont intérêt à renoncer à la production de biens sophistiqués, puisque leurs travailleurs sont moins productifs dans ce type de production, et à se spécialiser dans la production de biens peu sophistiqués.

Chacun des pays peut ainsi accroître la production dans laquelle il est le plus efficace, ce qui permet d'augmenter le bien-être global.

Les entreprises allemandes ont à leur disposition une main-d'œuvre très qualifiée et se sont de ce fait concentrées sur la production de biens sophistiqués, à forte valeur ajoutée. Elles ont confié la production des biens moins sophistiqués, comme les consommations intermédiaires qu'elles intègrent à la production des biens sophistiqués à des sites de production situés hors de l'Allemagne. En effet, les firmes allemandes n'ont pas besoin d'utiliser leur main-d'œuvre très qualifiée pour produire les biens intermédiaires. Elles ont intérêt à employer une main-d'œuvre moins qualifiée et dont le coût horaire est plus faible pour produire ces éléments. Ensuite, les entreprises allemandes importent ces biens intermédiaires et les opérations d'assemblage qui représentent une part importante de la valeur ajoutée sont alors effectuées par la main-d'œuvre allemande très qualifiée. Ainsi, une grande partie de la valeur ajoutée des entreprises allemandes reste produite sur le territoire allemand, alors même que les importations de biens intermédiaires progressent.

Ceci est contraire à l'idée usuellement répandue « d'économie de bazar » pour l'Allemagne. D'après les tenants de cette théorie de l'évolution de l'Allemagne vers « l'économie de bazar », l'Allemagne se contenterait de plus en plus d'importer des pièces, des composants, et de les assembler sans apporter beaucoup de valeur ajoutée aux produits. Or, ce n'est pas correct. La part de la valeur ajoutée industrielle dans le Produit Intérieur Brut de l'Allemagne était de 21 % en 1991, 20 % en 1998, 20 % encore en 2012 : l'Allemagne n'a pas perdu sa substance industrielle.

Les pays du Nord de la zone euro ont ainsi renoncé à produire des biens intermédiaires qu'ils importent désormais et ont augmenté leur production et leurs exportations de biens de consommation qui sont des biens à plus forte valeur ajoutée. Le Nord de la zone euro s'est spécialisé dans l'industrie, et, à l'intérieur de l'industrie, dans les secteurs industriels les plus sophistiqués. Cette spécialisation a d'ailleurs permis à ces pays d'augmenter leurs parts de marché au niveau européen et de les maintenir au niveau mondial, malgré le développement très rapide des exportations des pays émergents.

Qu'en est-il pour les pays du Sud de la zone euro ? La spécialisation productive a-t-elle eu autant d'effets bénéfiques, en termes de création de richesse, d'emplois, et de parts de marché ? La réponse est clairement négative, comme cela a déjà été mentionné. Les pays du Sud de la zone euro se sont désindustrialisés, ce qui a généré des déficits extérieurs préoccupants. La production de biens industriels simples, à laquelle les pays du Nord de la zone ont renoncé, n'a pas été transférée vers les pays du Sud de la zone euro. De fait, la diminution de la production de biens industriels complexes n'a pas été compensée par une augmentation suffisante de la production de biens manufacturés simples. Par conséquent, la part dans le commerce mondial des pays du Sud de la zone ne cesse de décliner. Et leur spécialisation dans les productions non exportables (services et construction) n'a pas endigué la progression du chômage depuis 2008. La crise immobilière en Espagne, les déficits extérieurs et les déficits publics dans l'ensemble des pays du Sud sont autant de preuves d'une hétérogénéité qui n'a pas eu les effets bénéfiques attendus.

Pourquoi la spécialisation productive n'a-t-elle pas produit dans l'ensemble de la zone cette hétérogénéité souhaitable, qui bénéficie aux pays du Nord de la zone ? L'augmentation de la productivité, la meilleure allocation des ressources, l'amélioration de la compétitivité des entreprises, qui caractérisent la spécialisation du Nord de la zone, n'ont pas été observées dans le Sud de la zone euro. Cette hétérogénéité souhaitable, car permettant d'améliorer le bien-être, la production, a été supplantée par une hétérogénéité nuisible, car générant une perte de bien-être très importante. Cette perte de bien-être correspond aux emplois détruits, aux difficultés des États du Sud à trouver des politiques permettant un retour à la croissance, aux nombreux déséquilibres caractérisant les économies de ces pays.

## *Hétérogénéité nuisible liée aux politiques menées depuis la création de l'euro*

*« Dès lors que le Pacte de Stabilité et de Croissance existe, il n'est plus indispensable de disposer d'un budget fédéral pour avoir une « Union économique et monétaire » cohérente ».*

Jean-Claude Trichet[1]

1. Bulletin de la Banque, de France, « Zones monétaires optimales et mise en œuvre des politiques économiques », n° 120, décembre 2003.

Les évolutions consécutives à la constitution d'une union monétaire ont été méconnues voire ignorées par les dirigeants européens. Une très grande confiance a été accordée aux mécanismes mis en place. Les politiques menées au niveau national n'ont de ce fait pas pris en compte le processus de spécialisation productive à l'œuvre et ont généré une hétérogénéité nuisible. En effet, les gouvernements ont mené des politiques divergentes, accentuant les différences entre les structures productives nationales et freinant voire empêchant dans certains cas les adaptations nécessaires à la spécialisation productive.

Les « fondateurs » de l'Europe, ou les « penseurs » de l'Europe ont d'ailleurs eu des visions très divergentes des problèmes institutionnels que poseraient l'union monétaire et des évolutions institutionnelles ultérieures. L'encadré 5 donne quelques citations révélatrices. Pour la Commission Européenne, pas de problème (!) ; pour Jacques Delors, le passage de l'intégration économique à l'union politique est nécessaire, mais ne se fera pas spontanément ; pour Joschka Fischer, il y a risque d'inefficacité majeure et croissante sans passage à l'union politique, mais cette perspective génère de fortes réticences du côté français (Lionel Jospin en 2001).

**Encadré 5**

**Quelques citations sur les évolutions institutionnelles**

**Marché Unique, Monnaie Unique** (rédigé en 1990 par la Commission Européenne) dit que « les pays européens sont désormais tellement intégrés qu'il est inconcevable qu'un choc puisse affecter un pays membre et épargner les autres ».

**Jacques Delors (mars 2001), sur la « théorie de l'engrenage » :** Lorsque l'Europe serait parvenue à un degré suffisant d'intégration économique, l'intégration politique en découlerait spontanément ;

attribuer aux fondateurs de l'Europe cette vision naïve du politique naissant spontanément de l'économie ne résiste pas à l'examen des textes. Il reste que, dans la pratique, cette théorie de l'engrenage a été mise en œuvre et a produit les résultats que j'ai décrits. Elle continue d'ailleurs à fonctionner : nous voyons bien aujourd'hui que la réalisation de l'Union Économique et Monétaire appelle un effort d'harmonisation sociale et fiscale, même si nous n'avons pas encore pu nous mettre d'accord sur la façon de nous y prendre. Mais il est tout aussi clair que nous avons atteint le stade où le politique ne peut plus se cacher derrière l'économique, et doit s'affirmer en tant que tel.

**Lionel Jospin (mai 2001) :**
Je ne sépare pas la France de l'Europe. Comme tant d'autres Européens convaincus, je désire l'Europe mais je reste attaché à ma Nation. Faire l'Europe sans défaire la France – ni aucune des autres nations européennes : tel est mon choix politique. Ainsi, je fais mienne la belle idée de « fédération d'États-nations ». « Fédération » : voilà un mot qui présente les apparences de la simplicité et les attraits de la cohérence, mais qui recèle en réalité une diversité de sens. Pour certains, ce terme signifie un exécutif européen qui tirerait sa légitimité du seul Parlement européen. Cet exécutif aurait le monopole de la diplomatie et de la défense. Dans ce nouvel ensemble, les États actuels auraient le statut des Länder allemands ou des États fédérés américains. La France, comme d'ailleurs d'autres nations européennes, ne saurait accepter un tel statut ni cette conception de la « fédération ». Si, en revanche, on entend par « fédération » une démarche progressive et maîtrisée de partage ou de transfert de compétences au niveau de l'Union, alors on se réfère à la « fédération d'États-nations », selon la formule forgée par Jacques Delors. C'est là une notion à laquelle je souscris pleinement. D'un point de vue juridique, elle peut sembler ambiguë. Mais je la juge politiquement pertinente, car l'Europe est une construction politique originale, mêlant de façon indissociable en un précipité singulier deux éléments différents : l'idéal fédératif et la réalité des États-nations européens.

**Joschka Fischer (mai 2000) :**
La tâche qui nous attend n'est pas simple du tout et nous devrons user de toutes nos forces pour parvenir dans les dix prochaines années à mener à bien en grande partie l'élargissement de l'UE à l'Est et au Sud-Est, qui aboutira de facto à doubler le nombre des pays membres de l'Union européenne. Et pour gérer ce défi historique et intégrer les nouveaux États membres, sans pour autant remettre essentiellement en cause la capacité d'action de l'Union européenne, il nous faudra parallèlement apporter la dernière pierre à l'édifice de l'intégration européenne, à savoir l'intégration politique. L'élargissement rendra indispensable une réforme fondamentale des institutions européennes. Comment s'imaginer en effet un Conseil européen à trente chefs d'État et de gouvernement ? Trente présidences ? Combien de temps les réunions du Conseil dureront-elles dans ce cas ? Des jours, voire des semaines entières ? Comment parvenir à 30, dans le tissu actuel des institutions de l'Union européenne, à concilier des intérêts différents, à adopter des décisions et encore à agir ? Comment veut-on éviter que l'Union ne perde définitivement toute transparence, que les compromis soient de plus en plus impalpables et étranges, et que l'intérêt manifesté à l'égard de l'Union par ses citoyens ne finisse par tomber bien en dessous de zéro ?
Autant de questions auxquelles toutefois il existe une réponse toute simple : le passage de la Confédération de l'Union à l'entière parlementarisation dans une Fédération européenne que demandait déjà Robert Schuman il y a cinquante ans. Et cela ne veut pas dire moins qu'un Parlement européen et un gouvernement, européen lui aussi, qui exercent effectivement le pouvoir législatif et le pouvoir exécutif au sein de la Fédération. Cette Fédération devra se fonder sur un traité constitutionnel.

**L'Allemagne a mené des politiques qui ont accompagné la spécialisation productive.** À la fin des années 1990 et au début des années 2000, l'Allemagne est confrontée à une croissance faible et entreprend des réformes du marché du travail et du financement de la protection sociale (voir les détails dans l'encadré ci-dessous).

**Encadré 6**

**Allemagne : déréglementation du marché du travail**

Le marché du travail en Allemagne a été fortement déréglementé dans les années 2000 après les différentes Lois Hartz.

**Réformes du marché du travail en Allemagne**

L'ensemble des lois « Hartz I à IV » passées entre 1/1/2003 et le 3/1/2005 contient des mesures d'incitation au retour à l'emploi :

Hartz I (1/1/ 2003) :

- Stimulation du placement des chômeurs par la création, au sein des agences pour l'emploi, de *Personal Service Agentur* (PSA) spécialisées dans le suivi (travail temporaire et formation) des chômeurs.
- Stimulation de l'emploi indépendant par la création des *Ich AG* : aide dégressive aux chômeurs qui déclarent une exploitation individuelle de ce type (600 €/mois la première année, 360 € la seconde et 240 € la troisième) et *Überbrückungsgeld* (aide de transition) pour les autres créateurs d'entreprise en fin de droits.

Hartz II (1/1/ 2003) :

- Soutien à l'emploi peu qualifié, aux petits boulots et légalisation des services aux ménages (« mini-jobs ») : la nouvelle loi modifie des dispositions existantes en étendant le champ d'application des contrats mini-jobs.
- La nouveauté réside surtout dans les avantages pour les services d'aide aux ménages. Pour les employeurs, les cotisations ont augmenté pour les contrats inférieurs à 400 € ; pour les employés, l'intérêt des nouvelles mesures tient au possible cumul des contrats sans perte des avantages. Le nombre de mini-jobs est estimé à plus de 6 millions soit environ 15 % de l'emploi. Les mini-jobs auraient augmenté de plus de 10 % du fait de ces mesures, mais les emplois créés ne sont pas tous nouveaux. Il s'agit pour beaucoup d'anciens emplois non qualifiés qui ne bénéficiaient pas des avantages liés aux mini-jobs.

Hartz III (1/1/ 2004) et IV (3/1/2005) :
Ces deux réformes procèdent principalement à une réduction des avantages de l'assurance chômage.

- Deux types d'aides au lieu de trois : fusion de la seconde tranche de l'assurance chômage et des aides sociales (Arbeitslosengeld II).
- Généralisation de la durée minimale de cotisation à 12 mois (contre 6 mois pour certaines catégories de personnes précédemment) sur les derniers 24 mois contre 36 mois précédemment.
- Baisse de la durée de prestation des assurances chômage à 12 mois (18 mois pour les plus de 55 ans).
- Sanctions financières si refus de travail offert, non-présentation à l'agence pour l'emploi, absence de recherche active de travail, etc.
- Réorganisation des agences pour l'emploi en vue d'un meilleur suivi des chômeurs.

Hors réformes Hartz : mesures de flexibilisation du marché du travail via un assouplissement de la protection contre les licenciements abusifs (1/1/2004).
L'effet essentiel de cette déréglementation et de l'absence de salaire minimum en Allemagne a été de faire apparaître en Allemagne de très nombreux emplois de services, avec une durée de travail faible et un salaire faible.

1 – Allemagne : heures travaillées par tête (par semaine)

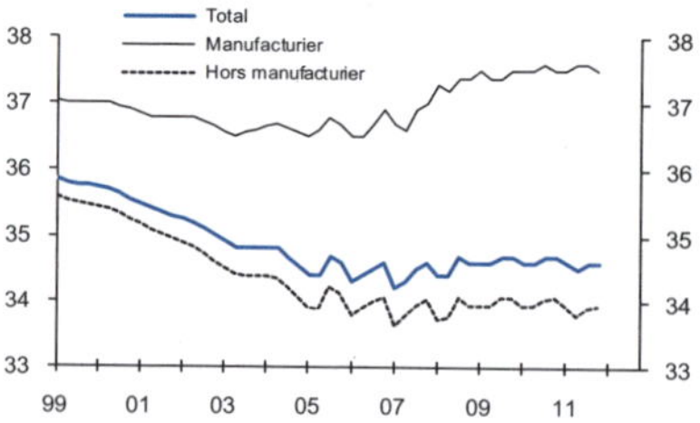


Sources : Eurostat, Natixis.

2 – Allemagne : salaire annuel par tête (en milliers d'euros)

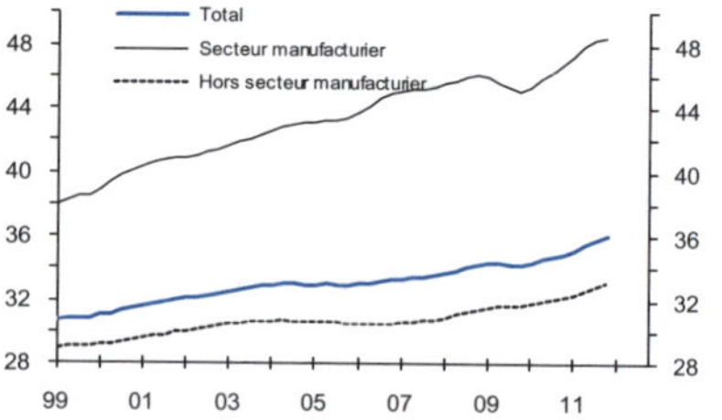


Sources : Datastream, Natixis.

3 – Salaire réel par tête dans le secteur manufacturier (déflaté par le prix conso, GA (*) en %)

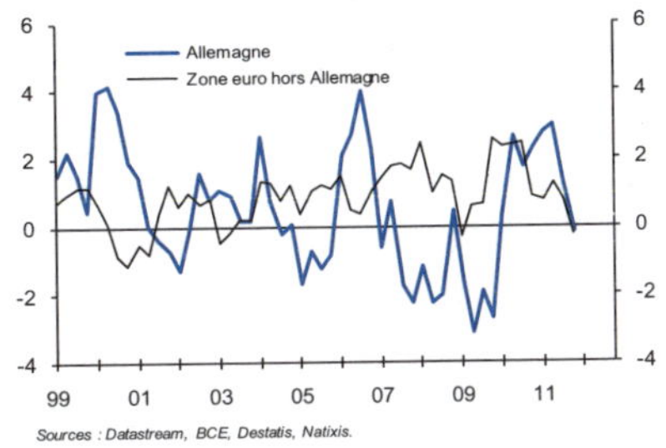


Bien sûr, les salaires de l'industrie ont aussi faiblement augmenté en Allemagne, mais il s'agit peut-être plus d'un effet du chômage sur les négociations salariales que d'un effet direct de la déréglementation du marché du travail.

La déréglementation du marché du travail a donc fait apparaître un marché du travail dual en Allemagne : d'une part, des emplois protégés avec des salaires élevés dans l'industrie ; d'autre part, des emplois peu protégés avec des salaires faibles dans les services, la distribution.

*(*) Comme dans tous les graphiques qui suivent, GA (glissement annuel) est le taux de croissance de la variable sur l'année écoulée.*

Le marché du travail a été profondément modifié par l'ensemble des lois Hartz et des mesures de flexibilisation. Les salaires augmentent faiblement dans l'industrie, les emplois à temps partiel (les mini-jobs) se développent dans les services. Dans le même temps, les charges sociales diminuent, notamment avec la création de la TVA sociale. La faible progression des salaires et la diminution des charges sociales permettent de limiter la progression du coût du travail en Allemagne.

Dans le même temps, l'État allemand a mis en œuvre une série de mesures afin de limiter le déficit public, permettant ainsi de contenir le poids des prélèvements obligatoires (contributions sociales et impôts).

## Encadré 7

### France/Allemagne : des choix budgétaires et fiscaux différents depuis la création de l'euro

Les exemples de la France et de l'Allemagne montrent comment l'hétérogénéité de la zone euro peut venir de choix budgétaires et fiscaux différents. On observe en effet entre la France et l'Allemagne :

- une évolution différente de l'emploi public, avec un effort de réduction permanent en Allemagne et une hausse en France due essentiellement à l'emploi dans les collectivités locales ; (graph. 1)
- une réduction des dépenses de protection sociale en Allemagne, pas en France ; (graph. 2)

1 – Emploi dans les administrations publiques

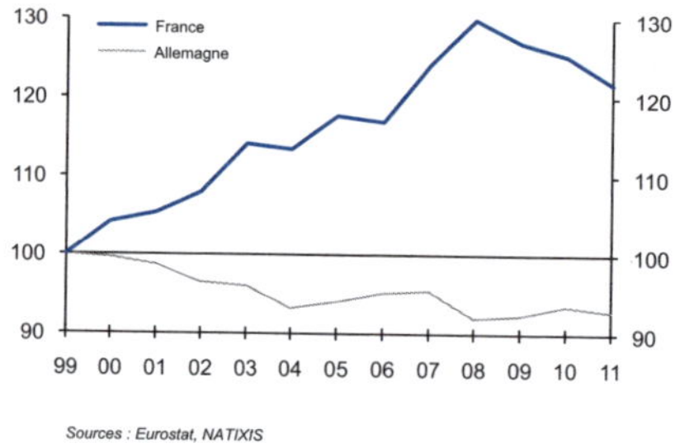


(100 en 1999)

2 – Dépenses de protection sociale (en % du PIB)

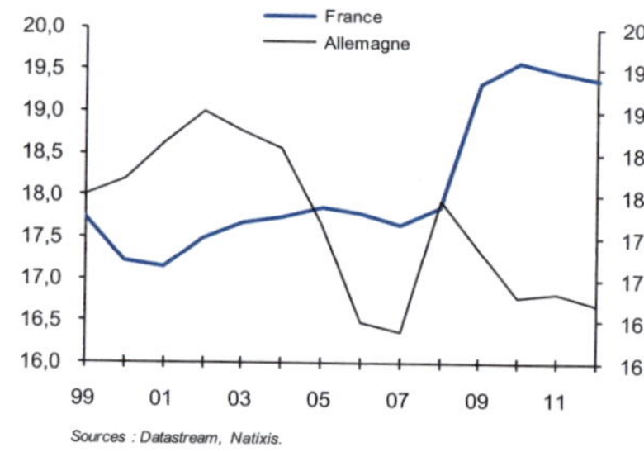


- des modifications allant en sens opposé de la structure de la fiscalité : en Allemagne, substitution de la TVA (impôts indirects) aux cotisations sociales ; en France au contraire, hausse du poids des charges sociales et baisse de celui de la TVA (graph. 3a/3b) ;
- une volonté en Allemagne de revenir à l'équilibre des finances publiques : des 3 points de hausse de la TVA en Allemagne, un seul est utilisé pour réduire les charges sociales, deux sont utilisés pour faire disparaître le déficit public en 2007 (graph. 3a).

**3a – Allemagne : cotisations sociales et impôts indirects (en % du PIB)**

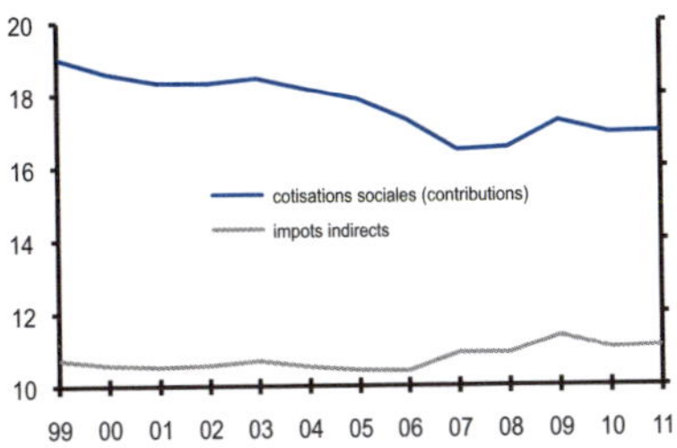


*Sources : Datastream, OCDE, NATIXIS*

**3b – France : cotisations sociales et impôts indirects (en % du PIB)**

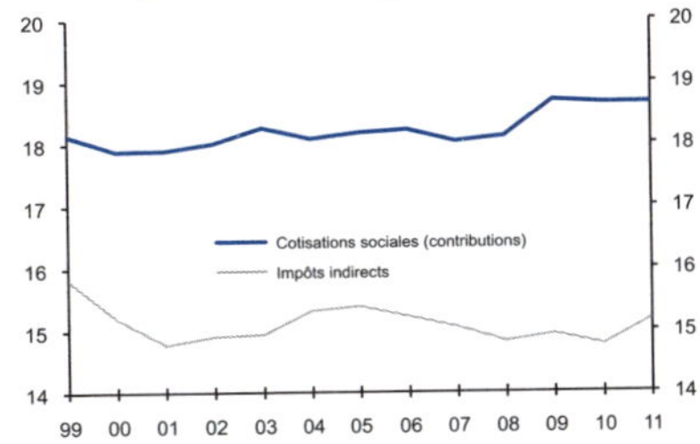


*Sources : OCDE, NATIXIS*

**4 – Déficit public (en % du PIB, valeur)**

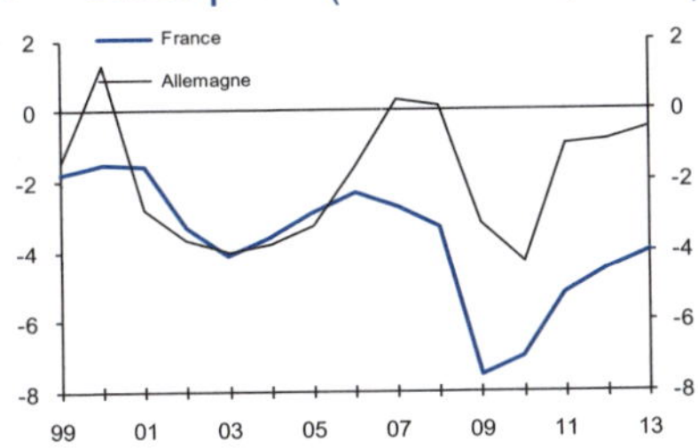


*Sources : Datastream, prévisions Natixis.*

Cet exemple des politiques budgétaires et fiscales menées en France et en Allemagne depuis la création de l'euro montre bien l'absence de coordination budgétaire et fiscale dans la zone euro : les pays peuvent individuellement choisir de modifier la générosité des systèmes de protection sociale, le poids des charges sociales...

En Allemagne, la progression limitée du coût du travail et les efforts pour contenir les prélèvements obligatoires ont permis d'améliorer la compétitivité-coût des entreprises (capacité à gagner des parts de marché en raison d'un coût de production stable ou en baisse) et les marges des entreprises.

De ce fait, les entreprises allemandes disposent de capacités de financement plus importantes, qu'elles peuvent utiliser pour financer notamment les dépenses de Recherche et

Développement (R&D). Ainsi, les dépenses de R&D passent de 2.41 % du PIB en 1999 à 2.82 % du PIB en 2010. Et logiquement, l'augmentation des budgets consacrés à la R&D permet de réaliser des innovations. En moyenne, chaque année, les entreprises allemandes déposent plus de 70 brevets triadiques (brevets déposés en Europe, en Amérique du Nord et au Japon) par million d'habitants. Ces innovations améliorent la qualité de la production et par conséquent la compétitivité hors prix des entreprises allemandes c'est-à-dire leur capacité à gagner des parts de marché pour des raisons autres que le prix (la qualité du produit).

Les réformes entreprises par le gouvernement allemand ont ainsi accompagné les entreprises allemandes en leur fournissant un environnement répondant à leurs besoins. Les entreprises allemandes ont ainsi pu profiter de la spécialisation productive à l'œuvre.

D'une part, la réforme du marché du travail et d'autre part, les mesures budgétaires et fiscales ont aidé les entreprises allemandes à améliorer leur compétitivité-coût, tout en maintenant leur compétitivité hors prix. Lorsque les firmes allemandes ont décidé de diminuer leurs coûts de production, elles ont externalisé une partie de leur production. Les mesures prises par le gouvernement allemand les ont accompagnées et soutenues. En effet, la réforme du marché du travail et les politiques budgétaire et fiscale ont aussi contribué à la baisse des coûts de production. La quasi-stagnation du coût du travail en Allemagne et les mesures fiscales ont permis d'augmenter les marges des entreprises, cette progression des marges permettant de maintenir l'avance technologique des entreprises allemandes.

Les pays du Sud de la zone euro ont eux mené des politiques qui ont perturbé la spécialisation productive. Dans le Sud de la zone euro, des politiques différentes ont été menées.

Non seulement aucune réforme du marché du travail n'a été entreprise au début de la décennie, mais les salaires ont progressé à un rythme soutenu et les charges pesant sur les salaires n'ont pas diminué. Par conséquent, le coût du travail progresse beaucoup plus vite dans le Sud que dans le Nord de la zone. Le coût du travail charges comprises dans l'industrie passe en France de 23,86 € en 1999 à 35,31 € en 2011, alors que, le coût horaire du travail en Allemagne passe de 26,30 € en 1999 à 34,18 € en 2011 (voir tableau 2). Le financement de la protection sociale n'a pas été modifié sur la période, de ce fait, les charges pesant sur les salaires n'ont pas diminué. Ainsi, le coût du travail français est supérieur au coût du travail allemand dès 2007, et cette tendance ne s'est pas inversée à ce jour. Les salaires italiens et espagnols ont progressé à un rythme plus rapide que les salaires français.

La progression importante des salaires dans le Sud de la zone a inévitablement perturbé la spécialisation productive. En effet, dans les pays du Sud de la zone euro, la main-d'œuvre est moins qualifiée que celle des pays du Nord de la zone. Cette différence de qualification aurait dû entraîner une spécialisation des pays du Sud dans la production des biens intermédiaires, production pour laquelle une main-d'œuvre faiblement qualifiée est bien adaptée. Cependant, l'augmentation rapide du coût du travail dans les pays du Sud a dissuadé les industriels d'investir dans cette zone pour la production de biens industriels simples.

En effet, les pays nouvellement entrés dans l'Union européenne comme la République Tchèque, la Slovénie et la Slovaquie offraient une main-d'œuvre dont le coût était nettement plus faible que celui des pays du Sud de la zone. De ce fait, la production de biens intermédiaires à laquelle les pays du Nord de la zone ont renoncé s'est développée dans les pays de l'Europe de l'Est.

Les écarts sont allés grandissants.

Tableau 2
Salaire horaire dans l'industrie y compris charges sociales
(en euros courants)

| | 1999 | 2005 | 2006 | 2007 | 2008 | 2009 | 2010 | 2011 |
|---|---|---|---|---|---|---|---|---|
| **France** | 23,9 | 30,0 | 31,0 | 32,0 | 32,9 | 32,9 | 34,2 | 35,3 |
| **Italie** | 18,1 | 22,2 | 22,6 | 23,1 | 23,9 | 24,6 | 25,2 | 25,8 |
| **Allemagne** | 26,3 | 30,1 | 31,3 | 31,7 | 32,5 | 33,0 | 33,1 | 34,2 |
| **Espagne** | 15,1 | 16,9 | 17,6 | 18,2 | 18,9 | 21,5 | 21,7 | 22,3 |
| **Ensemble des pays de la zone euro** | 21,7 | 26,0 | 26,8 | 27,5 | 28,3 | 29,2 | 29,7 | 29,9 |

Source : Eurostat, BLS, Natixis.

Dans un premier temps, les entreprises allemandes ont profité de la flexibilisation du marché du travail pour supprimer des emplois lors de la réorganisation de leur production. De ce fait, de 2000 à 2005, le chômage progresse en Allemagne, alors que les salaires stagnent.

Mais à partir de 2005, le marché du travail s'améliore en Allemagne y compris dans l'industrie tandis qu'il va se dégrader dès 2007 dans les autres pays de la zone euro. Ceci annonce la phase de dispersion croissante de la zone euro (voir encadré 8) que nous allons maintenant essayer d'expliquer.

**Encadré 8**

**Dispersion croissante**

On observe, à partir de 2006 et surtout 2008, une dispersion croissante de la zone euro en ce qui concerne l'évolution des marchés du travail (graph. 1), des poids de l'industrie (graph. 2), des situations du commerce extérieur (graph. 3) et du chômage.

1 – Chômage

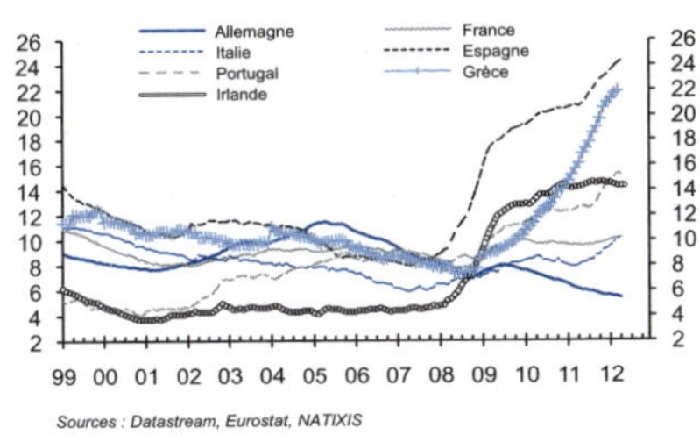


2 – Valeur ajoutée dans le secteur manufacturier (en % du PIB, volume)

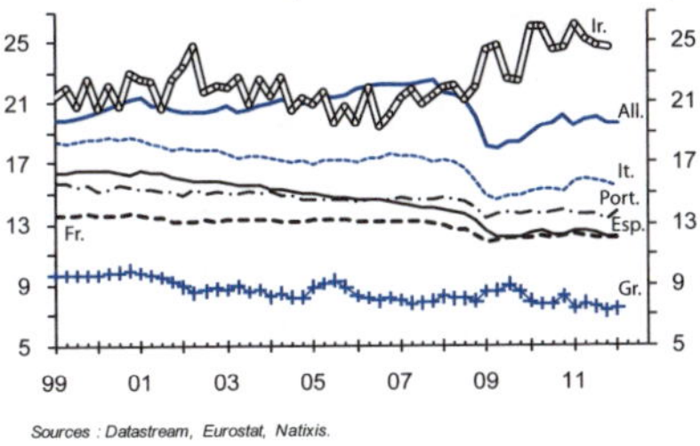


3 – Balance courante (en % du PIB)

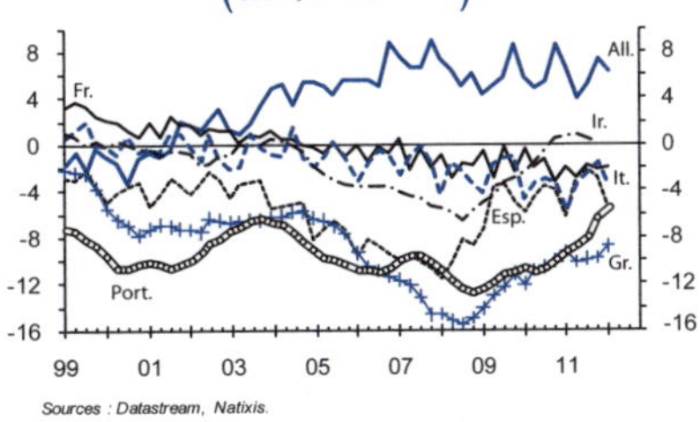


Au-delà des effets de la spécialisation productive, cette divergence a révélé celle des politiques économiques ou des structures de l'économie.

## Les causes inutiles de l'hétérogénéité

L'hétérogénéité croissante entre les pays, outre des effets normaux de la spécialisation productive vus plus haut, vient de divergences des politiques économiques, ce que nous appelons « l'hétérogénéité nuisible ». Nous allons regarder rapidement :

- l'évolution des coûts salariaux, le fonctionnement du marché du travail et ses effets sur le commerce extérieur;
- les politiques budgétaires et fiscales;
- les politiques structurelles et la croissance de long terme.

## Fonctionnement du marché du travail

La nature des négociations sur le marché du travail diffère fortement entre les pays : pouvoir de négociation plus ou moins important des syndicats et des entreprises, degré de décentralisation des négociations, rôle plus ou moins central des *insiders* (salariés ayant conservé leur emploi). L'encadré 9 illustre ces différences dans le cas de la France et de l'Allemagne. Ces différences expliquent d'une part que les coûts salariaux progressent plus rapidement en France qu'en Allemagne et d'autre part, que les hausses de salaires sont davantage corrélées à la situation de l'emploi en Allemagne qu'en France. Ceci favorise le rétablissement rapide de la compétitivité après un choc défavorable en Allemagne mais pas en France.

### Encadré 9

### Nature des négociations salariales en France et en Allemagne

La nature des négociations salariales est très différente en France et en Allemagne. En France, les négociations sont très décentralisées (entreprise, établissement) et se font avec des syndicats nationaux qui sont simultanément présents dans chaque entreprise (tableau A).

**Tableau A**
**France : pourcentage des voix des différents syndicats (élections 2008)**

| Toutes sections confondues | | | | |
|---|---|---|---|---|
| Collège Salariés | Inscrits | Votants | Participation | Exprimés |
| | 18683971 | 4760754 | 25, 48 % | 4621696 |
| Listes | Voix | Pourcentage | | Sièges |
| CGT | 1570500 | 33,98 | | 2853 |
| CFDT | 1007985 | 21,81 | | 1799 |
| FO | 730855 | 15,81 | | 1146 |
| CFTC | 401494 | 8,69 | | 384 |
| CFE-CGC | 379027 | 8,20 | | 627 |
| UNSA | 288924 | 6,25 | | 250 |
| Solidaires | 176140 | 3,81 | | 92 |
| DIV SAL | 66771 | 1,44 | | 105 |

En Allemagne, il y a des négociations de branche, avec un syndicat unique par branche (tableau B), et un taux de syndicalisation nettement plus élevé qu'en France (tableau C).

**Tableau B**
**Allemagne : les différents syndicats de branche**

| Industrie | Nom de l'union |
|---|---|
| Construction, agriculture et environnement | IG Bauen-Agrar-Umwelt |
| Mines, Chimie, énergie | IG Berbau, Chemie, Energie |
| Éducation et science | Gewerkschaft Erziehung und Wissenschaft |
| Sidérurgie | IG Metall |
| Agroalimentaire | Gewerkschaft Nahrung-Genuss-Gaststätten |
| Police | Gewerkschaft der Polizei |
| Réseau ferré et transports | EVG Eisenbahn und Verkehrsgewerkschaft |
| Services | Ver.di – Vereinte Dienstleistungsgewerkschaft |

Sources : DGD, Natixis.

### Tableau C
### Taux de syndicalisation (%)

| | France | Allemagne |
|---|---|---|
| 1999 | 8,12 | 25,32 |
| 2000 | 8,03 | 24,57 |
| 2001 | 7,97 | 23,75 |
| 2002 | 8,12 | 23,51 |
| 2003 | 7,99 | 23,02 |
| 2004 | 7,79 | 22,17 |
| 2005 | 7,73 | 21,68 |
| 2008 | 7,63 | 19,12 |
| 2009 | — | 18,80 |
| 2010 | — | 18,61 |

Sources : OCDE, Natixis.

Le résultat de cette différence est apparemment une meilleure prise en compte de la situation du marché du travail en Allemagne qu'en France, qui vient sans doute de ce que, au niveau de la branche, les problèmes de compétitivité et d'emploi sont mieux pris en compte. Les graphiques 1 et 2 montrent la beaucoup plus grande réactivité de la croissance du salaire réel au niveau du chômage en Allemagne qu'en France. Le chômage élevé de 2003 à 2006, par exemple, n'a pas freiné la hausse des salaires réels en France alors qu'il les a fait reculer en Allemagne.

### 1 – France : salaire réel par tête et taux de chômage

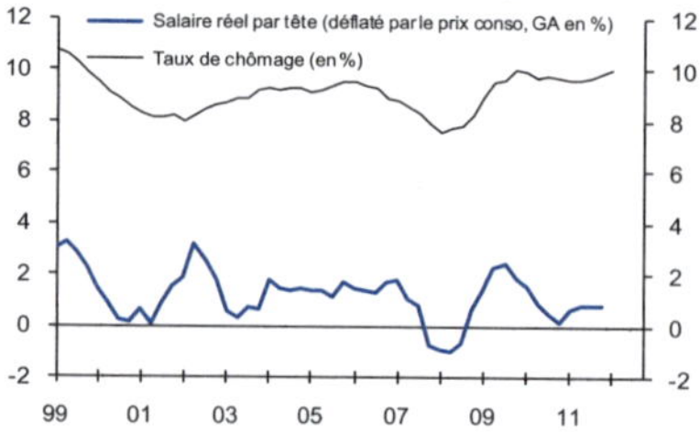


Sources : Datastream, Eurostat, Natixis.

### 2 – Allemagne : salaire réel par tête et taux de chômage

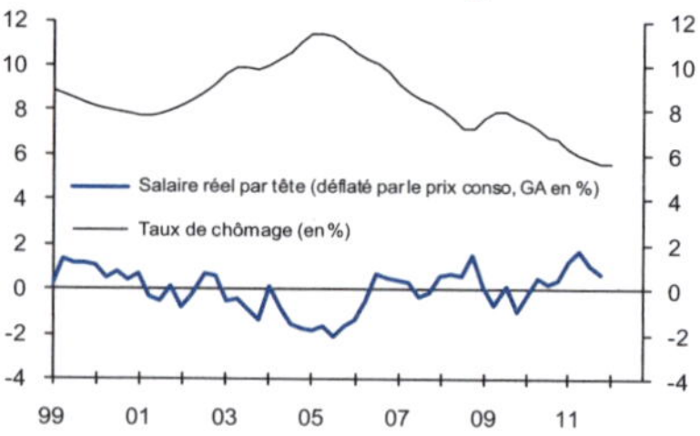


Sources : Datastream, Natixis.

Ceci implique qu'il y a peu de mécanismes spontanés de correction du chômage (ou de la perte de compétitivité des entreprises) en France, alors que ces mécanismes sont puissants en Allemagne, d'où la possible divergence de la compétitivité-coût entre les deux pays (graphique 3). Les pertes dues à la perte de la compétitivité-coût ne réduisent pas les salaires réels en France.

**3 – Coût salarial unitaire total**

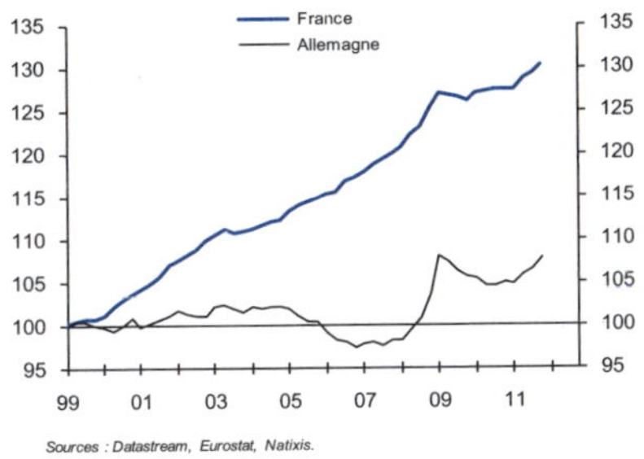


*(100 en 1999 : 1)*

Au-delà des négociations, le fonctionnement du marché du travail allemand permet le recours au chômage partiel. Durant la crise de 2008-2009, les entreprises allemandes n'ont pas eu massivement recours aux licenciements, elles ont conservé leur main-d'œuvre grâce au système de chômage partiel indemnisé. De ce fait, lors de la reprise, les entreprises ayant conservé leur main-d'œuvre ont rapidement pu augmenter leur production.

Les effets sur le commerce extérieur industriel sont spectaculaires, avec des excédents croissants en Allemagne, un déficit croissant en France (encadré 10), ces écarts étant attribuables à de nombreuses causes (taille des entreprises, innovation…), mais aussi à la compétitivité-coût avec des coûts salariaux en France semblables à ceux de l'Allemagne pour un niveau de gamme nettement plus faible.

## Encadré 10

### Commerce extérieur industriel France/Allemagne

La taille de l'industrie (graph. 1), l'évolution de la capacité de production de l'industrie (graph. 2), la balance commerciale (graph. 3) et la capacité à exporter vers les pays en croissance forte (graph. 4) montrent la capacité beaucoup plus grande de l'Allemagne que la France à conserver une industrie dynamique.

**1 – Emploi dans le secteur manufacturier (en % de l'emploi total)**

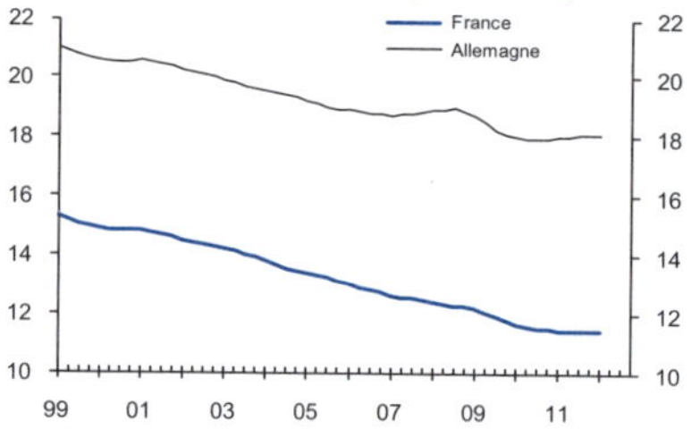


Sources : Datastream, Eurostat, Natixis.

**2 – Capacité de production* manufacturière**

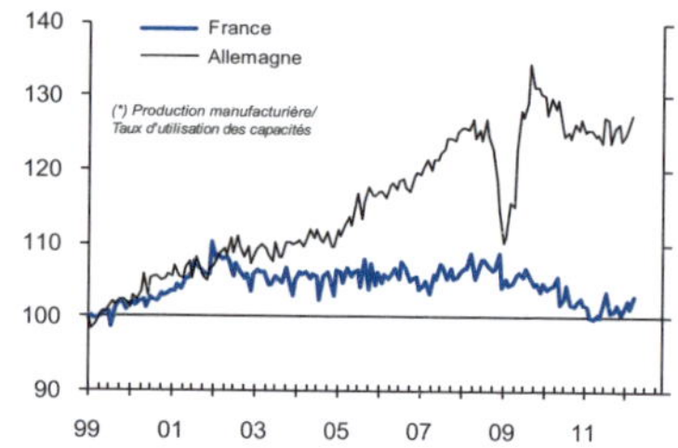


Sources : Datastream, Natixis.

*(100 en 1999 : 1)*

**3 – Balance commerciale des biens manufacturés (en Mds d'euros)**

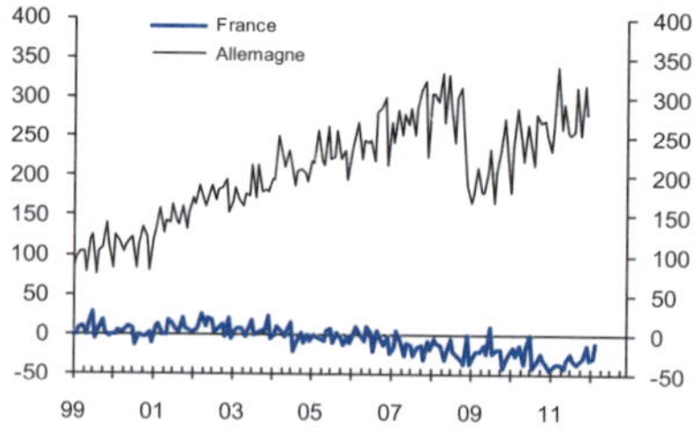


Sources : OCDE, Natixis.

**4 – Exportations valeur vers l'ensemble des pays émergents (Mds d'euros, annualisées)**

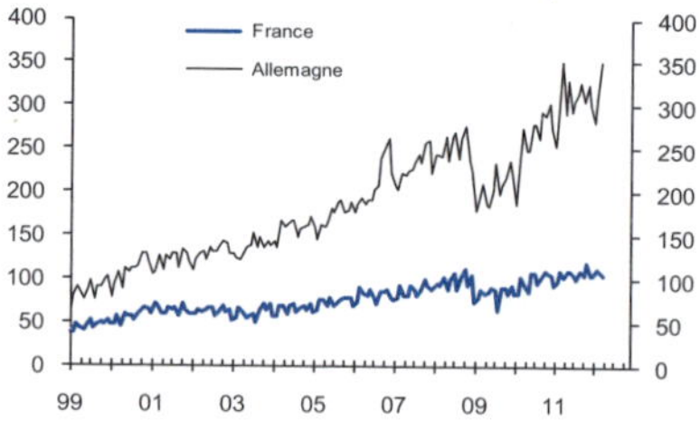


Sources : Datastream, Services des Douanes, Natixis.

## Politiques budgétaires et fiscales

Les pays de la zone euro ont eu des pratiques budgétaires et fiscales très différentes. Certains pays (Grèce, France) n'ont pas équilibré leurs finances publiques même dans les périodes de croissance durable. D'autres (Portugal, Allemagne) ont périodiquement durci leur politique fiscale pour faire disparaître les déficits publics (avec par exemple la hausse de 3 points de la TVA en 2007 en Allemagne).

On critique beaucoup aujourd'hui en Allemagne l'accord « Schröder-Chirac » qui a permis à la France et à l'Allemagne de conserver des déficits publics supérieurs au seuil maximum de 3 % au début des années 2000. Malgré la mise en place du Pacte de Stabilité et de Croissance (PSC) qui limitait les déficits publics à 3 % du Produit Intérieur Brut, les deux pays au début des années 2000, et jusqu'en 2005, décident de laisser subsister des déficits publics plus élevés, autour de 4 % du PIB en France comme en Allemagne. Ultérieurement, la politique budgétaire du gouvernement allemand est devenue beaucoup plus rigoureuse.

La Grèce a depuis longtemps mené une politique budgétaire très expansionniste, tandis que, ceci sera discuté plus loin, l'Espagne avait des excédents budgétaires. Cependant, ces excédents étaient dus à la bulle immobilière et à la bulle de l'endettement et non à un modèle économique solide. Il n'y a donc pas eu de coordination ou de supervision budgétaire sérieuse de 1999 à 2008.

En plus de l'absence de coordination budgétaire globale portant sur les déficits publics, il est aussi apparu un défaut majeur de coordination du détail de la politique fiscale, d'où l'apparition dans la zone euro d'une situation de concurrence et non de coordination fiscale (voir encadré 11). Ceci a aussi contribué à l'augmentation de la « mauvaise hétérogénéité » avec les délocalisations d'activités dues aux biais fiscaux et non aux avantages comparatifs des pays.

**Encadré 11**

**Concurrence fiscale dans la zone euro**

Le tableau A montre le taux d'imposition des profits des sociétés (IS : Impôts sur les Sociétés) dans les différents pays de la zone euro.

Tableau A

Pays de la zone euro : taux d'imposition des profits des sociétés (2010)

| | |
|---|---|
| Allemagne | 30,2 |
| France | 34,4 |
| Italie | 27,5 |
| Espagne | 30,0 |
| Pays-Bas | 25,5 |
| Luxembourg | 28,6 |
| Belgique | 34,0 |
| Autriche | 25,0 |
| Finlande | 26,0 |

| | |
|---|---|
| Portugal | 26,5 |
| Grèce | 24,0 |
| Irlande | 12,5 |
| Estonie | 21,0 |
| Slovénie | 20,0 |
| Slovaquie | 19,0 |
| Chypre | 10,0 |
| Malte | 35,0 |

Sources : OCDE, Eurostat

Un faible taux d'imposition des profits des sociétés (Irlande, Chypre, Slovaquie) conduit normalement à attirer des entreprises, ou simplement la localisation des profits : on peut délocaliser les bases fiscales (par exemple en modifiant les prix de transfert entre les filiales d'un même groupe, c'est-à-dire les prix auxquels les filiales d'un même groupe se vendent leurs produits) sans délocaliser les activités productives.

Le cas de l'Irlande est spectaculaire. Les multinationales localisent leurs profits en Irlande en exportant vers leurs filiales irlandaises à des prix bas. Ceci fait apparaître en Irlande un énorme excédent commercial (graph. 1) qui est fictif (la valeur des importations de l'Irlande est anormalement faible).

### 1 – Irlande : balance commerciale et balance courante (en % du PIB, valeur)

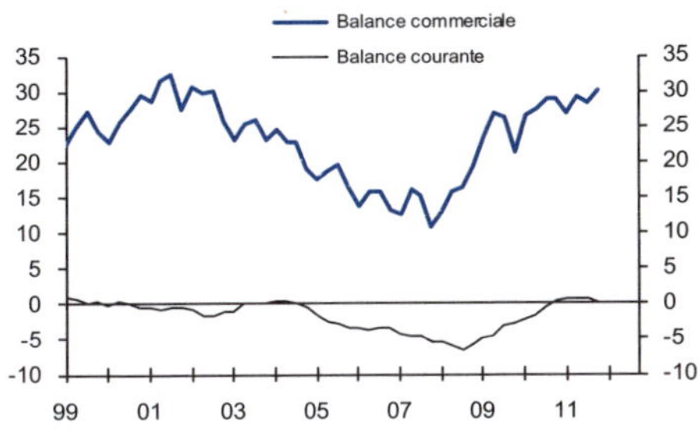


Sources : Datastream, Natixis.

L'Irlande a par contre (jusqu'en 2010) un déficit de sa balance courante qui correspond au transfert de ces profits localisés en Irlande et très faiblement taxés vers les maisons-mères (les sièges sociaux des multinationales, graph. 2).

### 2 – Irlande : solde des échanges de revenus et des transferts du capital (en % du PIB)

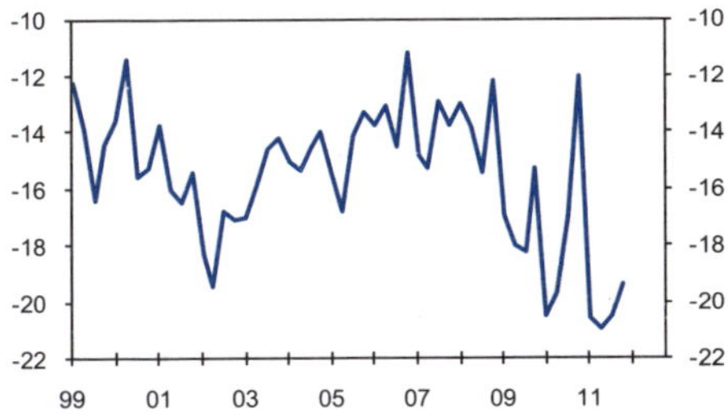


Sources : Datastream, Eurostat, Natixis.

*(chiffre négatif = sorties)*

La coordination des politiques budgétaires entre les pays de la zone euro est très limitée : il y a un taux maximum de TVA (25 %), et il faut l'accord des autres pays pour mettre en place des taux de TVA réduits. Un effort d'harmonisation de la base de l'impôt sur les sociétés est aujourd'hui en cours d'analyse par la Commission Européenne.

La Commission européenne a proposé en mars 2011 un régime commun pour le calcul de l'assiette imposable des entreprises exer-

çant leur activité dans l'Union européenne. L'objectif de cette proposition est de réduire la charge administrative, les coûts de mise en conformité et les incertitudes juridiques. Ce régime commun devrait être proposé sur une base facultative afin de ne pas pénaliser les entreprises opérant uniquement sur les marchés nationaux.
L'Assiette Commune Consolidée pour l'Impôt sur les Sociétés (ACCIS) permettrait aux entreprises de recourir à un système de guichet unique pour remplir leurs déclarations fiscales et de consolider les profits et les pertes qu'elles enregistrent dans toute l'Union. Les États membres conserveraient intégralement leur droit souverain en matière de fixation du taux de l'impôt sur les sociétés : l'ACCIS ne porte pas sur les taux d'imposition et la Commission n'a pas pour projet d'harmoniser les taux fixés par les États membres en matière d'impôt sur les sociétés. Les États membres continueront à décider de leurs propres taux d'imposition applicables aux sociétés, s'agissant de leur droit souverain.
L'ACCIS est un ensemble unique de règles que les entreprises exerçant des activités dans l'UE pourraient utiliser pour calculer leur bénéfice imposable. En d'autres termes, une société ou un groupe de sociétés n'aurait à se conformer qu'à un seul régime établi au niveau de l'Union pour le calcul de ses revenus imposables au lieu de devoir se soumettre aux règles de chacun des États membres dans lesquels la société ou le groupe opère. En outre, dans le cadre de l'ACCIS, les sociétés actives dans plus d'un État membre de l'UE rempliraient une seule déclaration fiscale pour l'ensemble de leurs activités dans l'Union.
L'ACCIS permettrait aux sociétés ou groupes de sociétés de consolider tous leurs bénéfices et déficits dans l'UE, prenant ainsi en compte leur activité transfrontalière. La déclaration fiscale consolidée unique serait utilisée pour établir l'assiette imposable de la société et les États membres dans lesquels la société est active pourraient ensuite imposer une part de cette assiette, déterminée selon une formule spécifique reposant sur trois facteurs affectés d'une même pondération (immobilisations, main-d'œuvre et chiffre d'affaires). Toutes les démarches seraient effectuées auprès des autorités fiscales de l'État membre principal de la société (grâce à un système de guichet unique).
La directive proposée établit des règles procédurales claires sur les modalités de participation des sociétés au régime ACCIS, la soumission

des déclarations fiscales, l'harmonisation des formulaires concernés et la coordination des contrôles. La déclaration fiscale couvrant l'ensemble des activités d'une société ou d'un groupe dans l'UE serait remplie auprès des autorités fiscales de l'État membre principal de cette société ou de ce groupe et ce même État membre serait chargé de coordonner les actions appropriées de vérification et de suivi de la déclaration.

La proposition prévoit notamment :

- une clause générale anti-abus (anti-montages financiers trop complexes visant à limiter l'impôt) conforme aux mesures déjà en place dans de nombreux États membres.
- En outre, elle prévoit des mesures anti-abus spécifiques telles que des limitations relatives à la déductibilité des intérêts dans certains cas et une exception à l'exonération des revenus d'origine étrangère dans d'autres cas.
- un ensemble unique de règles relatives à l'amortissement (25 % sur 4 ans) pour les sociétés participant au régime. Pour les sociétés n'appliquant pas l'ACCIS, les règles nationales continuent de s'appliquer.
- pour les dépenses de recherche et développement, des règles généreuses et favorisant l'innovation : ainsi, les salaires et primes des chercheurs sont totalement déductibles au titre de l'année au cours de laquelle ils sont versés (indépendamment de la date d'aboutissement des recherches) et une déduction immédiate de 100 % est prévue pour les bâtiments consacrés à la recherche. De plus, la règle générale d'amortissement tient compte d'une évolution très rapide du progrès technique et permet une déduction des coûts d'environ 60 % au cours des trois premières années.

Une vraie coordination des politiques budgétaires et fiscales consisterait :

- à identifier les externalités de ces politiques : quels sont les effets sur les autres pays européens des politiques budgétaires ou fiscales menées dans un pays ? Par exemple, une baisse de l'impôt sur les sociétés les prive d'une partie de leur base fiscale ; une baisse des charges sociales dans un pays dégrade la compétitivité des autres pays ;

– à essayer d'augmenter les externalités positives (effet positif d'une politique économique dans un pays sur les autres pays) et de réduire les externalités négatives (limiter les politiques qui ont un effet négatif sur les autres pays). Ceci conduirait probablement à coordonner les taux d'impôts sur les sociétés et les charges sociales, ce qui n'est pas fait.

## Les politiques structurelles et la croissance de long terme

Traditionnellement, on exige des pays qui veulent participer à une même union monétaire qu'ils aient des cycles économiques similaires, ce qui exclut la présence de chocs asymétriques. Lorsqu'on regarde les pays de la zone euro, on trouve bien une forte similitude des cycles.

Quand on calcule toutes les corrélations entre les taux de croissance sur un an des pays de la zone euro, on trouve des corrélations élevées, souvent voisines de 0,8 ou 0,9 (1 serait une corrélation parfaite).

La valeur moyenne des corrélations entre les taux de croissance sur 1 an des 13 pays entre 2002 et 2012 est de 0,76. Mais la forte corrélation des cycles (des taux de croissance du PIB) ne suffit pas à assurer la « proximité économique » des pays. La corrélation des cycles est naturelle entre les pays qui échangent beaucoup entre eux, mais pour autant elle n'exclut pas que les pays puissent différer par leur tendance de croissance ; par leur structure productive ; par leur compétitivité. Ces différences expliquent d'ailleurs les divergences quant au commerce extérieur et à la dette extérieure.

Ces différences structurelles, qui n'empêchent pas une forte corrélation des cycles, rendent difficile, si elles sont présentes, la coexistence de ces pays dans une union monétaire. Nous allons donc essayer de voir s'il apparaît des groupes différents de pays de la zone euro en fonction des caractéristiques structurelles de leurs économies.

Nous allons caractériser les pays de la zone euro par :

1. l'effort d'innovation (R&D moyenne en pourcentage du PIB de 1999 à 2011, tableau 3);
2. les gains de productivité entre 1999 et 2001 ;
3. la qualification de la population (tableau 4);
4. le poids de l'industrie dans l'économie;
5. la valeur moyenne de 1999 à 2011 du poids de la valeur ajoutée manufacturière dans le PIB;
6. la balance courante moyenne, en % du PIB, de 1999 à 2011 ;
7. l'actif ou de la dette nette extérieure, en % du PIB, en 2011 ;
8. la part de marché à l'exportation en 2012, base 100 en 1999;
9. la valeur moyenne de la balance commerciale pour les produits manufacturés, en % du PIB, de 1999 à 2011 ;
10. le coût salarial unitaire à la fin de 2011, base 100 en 1999;
11. le taux de profit moyen entre 1999 et 2011.

**Tableau 3**
**Dépenses de R&D totales (en % du PIB valeur)**

| | **Moyenne (1999-2010)** |
|---|---|
| Allemagne | 2,56 |
| France | 2,15 |
| Espagne | 1,12 |
| Pays-Bas | 1,81 |
| Italie | 1,13 |
| Belgique | 1,93 |
| Autriche | 2,35 |
| Finlande | 3,48 |
| Grèce | 0,58 |
| Portugal | 1,03 |
| Slovaquie | 0,55 |
| Slovénie | 1,53 |
| Irlande | 1,31 |

Source : OCDE, Eurostat, principaux indicateurs de la science et de la technologie, 2011.

### Tableau 4
### Structure de la population active par niveau d'éducation en 2009

| en % | Inférieur au 2e cycle du secondaire | 2e cycle du secondaire et postsecondaire non tertiaire | Universitaire |
|---|---|---|---|
| Allemagne | 15 | 59 | 26 |
| France | 30 | 41 | 29 |
| Espagne | 48 | 22 | 30 |
| Pays-Bas | 27 | 41 | 33 |
| Italie | 46 | 40 | 15 |
| Belgique | 29 | 37 | 33 |
| Autriche | 18 | 63 | 19 |
| Finlande | 18 | 45 | 37 |
| Grèce | 39 | 38 | 24 |
| Portugal | 70 | 15 | 15 |
| Slovaquie | 9 | 75 | 16 |
| Slovénie | 17 | 60 | 23 |
| Irlande | 28 | 36 | 36 |

Sources : Regards sur l'éducation, 2011 (OCDE).

Nous allons utiliser une analyse factorielle pour regrouper en un seul facteur les caractéristiques principales des pays pour déterminer les facteurs principaux de cet ensemble de variables. Puis nous allons regarder comment les différents pays se situent par rapport au premier facteur qui représente les caractéristiques essentielles des pays.

Le 1er facteur est lié positivement à la R&D, aux gains de productivité, au niveau d'éducation, à la balance commerciale et courante et aux actifs extérieurs, négativement aux coûts salariaux. On peut donc appeler le premier facteur, facteur de sophistication de l'économie (innovation, éducation, excédents extérieurs) et de compétitivité.

Le graphique qui suit montre la valeur du 1er facteur pour chacun des 13 pays analysés. Le tableau 5 donne les codes des pays. On voit alors clairement 3 groupes de pays :

- le groupe des pays sophistiqués : Allemagne, Pays-Bas, Belgique, Autriche, Finlande ;
- le groupe des pays peu sophistiqués : Espagne, Italie, Grèce, Portugal ;
- le groupe des pays intermédiaires : France, Slovaquie, Slovénie, Irlande.

La zone euro est homogène du point de vue des cycles mais elle est hétérogène du point de vue de l'effort d'innovation, de la productivité, donc de la croissance de long terme, de la spécialisation de l'économie, donc du commerce extérieur. Seuls cinq pays (Allemagne, Pays-Bas, Belgique, Autriche, Finlande) composent une zone euro réellement homogène du point de vue structurel.

**Valeurs du premier facteur (sophistication de l'économie, compétitivité) pour chaque pays***

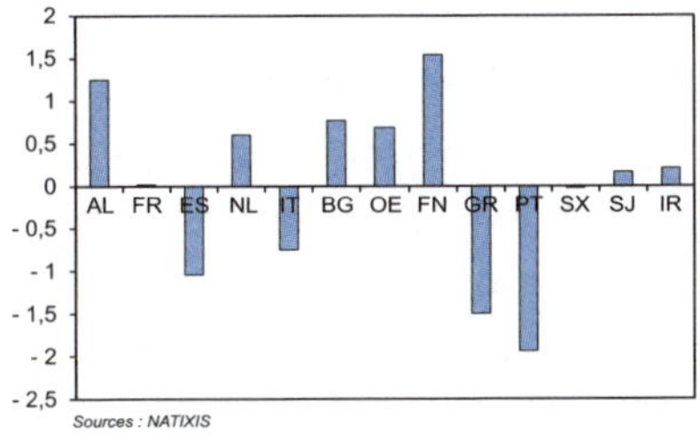

*Tableau 5

| Pays | Code pays |
|---|---|
| Allemagne | AL |
| France | FR |
| Espagne | ES |
| Pays-Bas | NL |
| Italie | IT |
| Belgique | BG |
| Autriche | OE |
| Finlande | FN |
| Grèce | GR |
| Portugal | PT |
| Slovaquie | SX |
| Slovénie | SJ |
| Irlande | IR |

Source : Natixis.

Une valeur positive du 1er facteur révèle une économie sophistiquée et en croissance de long terme forte, une valeur négative l'inverse. Le facteur regroupe les caractéristiques les plus discriminantes de ces pays.

**Encadré 12**

**Flux de capitaux et convergence**

Les concepteurs de l'euro croyaient à la théorie de la convergence, et jusqu'en 2005, les performances économiques des différents pays ont corroboré cette thèse alors qu'en fait un processus de divergence se mettait en place, ce que montre clairement la dispersion des taux de chômage.

### 1 – Écart-type empirique (dispersion) du taux de chômage entre les 11 pays*

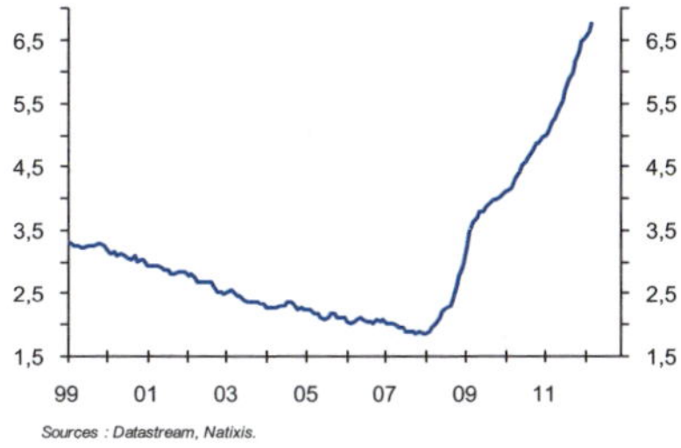


### 2 – Taux de chômage

*(*) Allemagne, France, Espagne, Italie, Pays-Bas, Belgique, Finlande, Autriche, Grèce, Portugal et Irlande.*

Selon la théorie de la convergence, l'adoption d'une monnaie unique favorise les flux de capitaux des pays les plus industrialisés, où le capital par tête est élevé, vers les pays les moins industrialisés, où le capital par tête est plus faible. Ces flux de capitaux permettent le financement d'investissements, dont la rentabilité est plus élevée que dans les pays les plus industrialisés. Ces investissements entraînent alors une augmentation de la production et de la productivité, ainsi que des créations d'emplois. De ce fait, la croissance plus rapide des pays les moins industrialisés leur permet de rattraper les pays les plus industrialisés, en termes de capital par travailleur, de productivité et de revenu par habitant, les salaires augmentant avec la productivité.

Comme la thèse de la convergence le prévoit, les capitaux ont effectivement afflué vers les pays du Sud, l'investissement a progressé et la croissance a été plus soutenue dans les pays du Sud de la zone que dans les pays du Nord jusqu'en 2005. De nombreux emplois ont été créés, entraînant une baisse significative du chômage et une nette progression des salaires.

En Espagne, entre janvier 1999 et décembre 2007, le taux de chômage passe de 15.6 % à 6 %, et le coût salarial unitaire augmente de 40 %. Cependant une évolution attendue n'a pas été observée. La productivité du travail n'a pas augmenté, elle a même régulièrement baissé en Espagne sur la période. Pourquoi ?

Les flux de capitaux ont certes permis de financer des investissements, mais ces investissements ne se sont pas concentrés dans la

production de biens manufacturiers. Les capitaux ont été massivement utilisés pour financer les investissements immobiliers. De ce fait, les investissements consacrés à la production de biens exportables ont été insuffisants pour permettre une progression suffisante de la production et de l'emploi dans ces secteurs. La croissance espagnole a été nourrie par le secteur de la construction, les mises en chantier progressant de 70 % entre 1999 et 2007.
Les emplois dans les services domestiques (distribution, construction, services aux particuliers, loisirs et hôtels, transport) ont par conséquent augmenté de 50 % en Espagne, entre 1999 et 2007.
Les créations d'emplois et les hausses de salaires ont entraîné une progression de la demande intérieure à laquelle les entreprises espagnoles n'ont pas pu répondre. L'incapacité de la production nationale à satisfaire cette progression de la demande intérieure a entraîné une progression des exportations, creusant ainsi le déficit extérieur.
Dans le même temps, le chômage progressait en Allemagne, non seulement en raison de la faiblesse de la croissance, mais aussi en raison des réformes menées par le gouvernement. De ce fait, la convergence des taux de chômage jusqu'en 2008 au sein de la zone euro a pu être interprétée comme une preuve de la convergence des économies européennes.
Cependant, l'augmentation du chômage en Allemagne et la diminution du chômage dans les pays du Sud n'étaient pas la conséquence d'une meilleure allocation du capital, comme la théorie l'annonce, mais la conséquence d'une spécialisation productive inefficace, favorisée par des politiques inadaptées.
La bulle immobilière espagnole a été favorisée, non seulement par la faiblesse des taux d'intérêt, due à la politique monétaire unique, mais aussi par les hausses de salaires très importantes et par les mesures fiscales encourageant les achats immobiliers. Cette progression très rapide du secteur immobilier a masqué la désindustrialisation à l'œuvre en Espagne. L'Espagne a perdu des parts de marché à l'exportation, lorsque l'Allemagne améliorait sa compétitivité.

## *L'hétérogénéité « inévitable » dans une union monétaire*

### La divergence due à la politique monétaire commune

Nous venons de voir les deux premières formes d'hétérogénéité de la zone euro : la « bonne » hétérogénéité, due à une

spécialisation productive qui est efficace si elle correspond aux dotations en facteurs de production des pays ; la « mauvaise » hétérogénéité due aux erreurs de politique économique, à des asymétries qui devraient se corriger entre les pays de la zone euro sur les marchés du travail, les marchés du crédit bancaire, les politiques structurelles.
Nous voulons ici rappeler qu'il existe une source inévitable d'hétérogénéité dans une union monétaire (ici la zone euro) qui vient simplement de ce que la politique monétaire est commune.

Les taux d'intervention de la Banque Centrale sont les mêmes pour tous les pays et jusqu'en 2008, les pays de la zone euro avaient presque les mêmes taux d'intérêt à long terme. Ceci implique que les pays ayant un taux de croissance supérieur au taux de croissance moyen de la zone bénéficient de taux d'intérêt anormalement bas par rapport à leur taux de croissance. Ceci a été le cas pour l'Espagne, la Grèce, l'Irlande jusqu'en 2008. Par contre, un pays ayant un taux de croissance inférieur au taux de croissance moyen de l'union monétaire souffre de taux d'intérêt anormalement élevés par rapport à son taux de croissance.

L'Allemagne a eu un taux de croissance inférieur à celui de la zone euro jusqu'en 2006 et le taux d'intérêt de la Banque Centrale Européenne était de ce fait inadapté aux besoins de l'économie allemande (voir encadré 13).

**Encadré 13**

**Zone euro : dispersion des taux de croissance et orientation de la politique monétaire**

Concentrons-nous sur les quatre cas représentatifs de l'Allemagne, de l'Espagne, de l'Irlande et de la Grèce. De la création de l'euro jusqu'en 2006, l'Allemagne a une croissance faible relativement à la moyenne de la zone euro et particulièrement par rapport à l'Espagne, à l'Irlande et à la Grèce (graph. 1).

### 1 – Croissance du PIB (volume, GA en %)

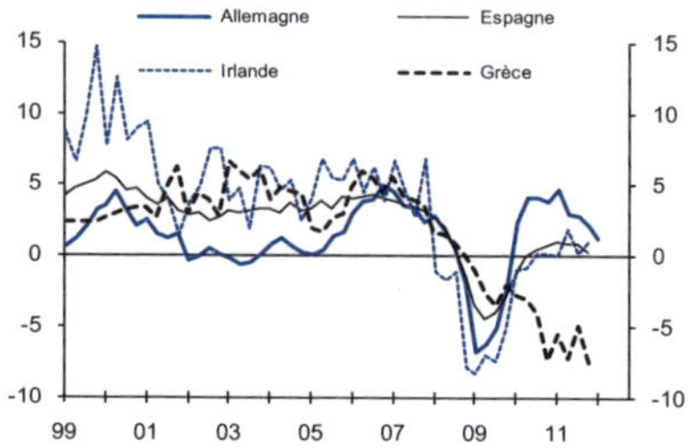


*Sources : Datastream, Comptabilités nationales, Natixis.*

Depuis la récession de 2008-2009, au contraire, comme on le sait, l'Espagne, l'Irlande et la Grèce sont en crise et l'Allemagne retrouve la croissance. La politique monétaire étant commune, l'Allemagne avant la crise est confrontée à une politique monétaire restrictive, avec des taux d'intérêt élevés par rapport à son taux de croissance (graph. 2a), alors que les autres pays, ayant une croissance forte sont confrontés à une politique monétaire expansionniste, avec des taux d'intérêt faibles par rapport à leur taux de croissance (graph. 2b). La situation est aujourd'hui inversée.

### 2a – Allemagne : PIB en valeur, taux Repo euro et taux d'intérêt à 10 ans sur emprunts d'État

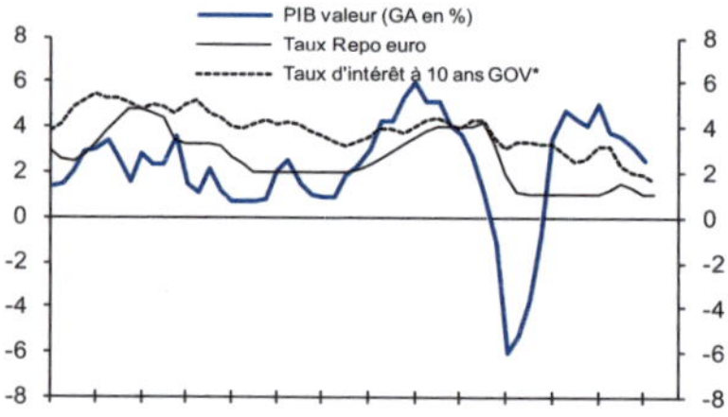


*Sources : Datastream, Destatis, Natixis.*
* Taux d'intérêt à 10 ans sur emprunts d'État.

### 2b – Espagne : PIB en valeur, taux Repo euro et taux d'intérêt à 10 ans sur emprunts d'État

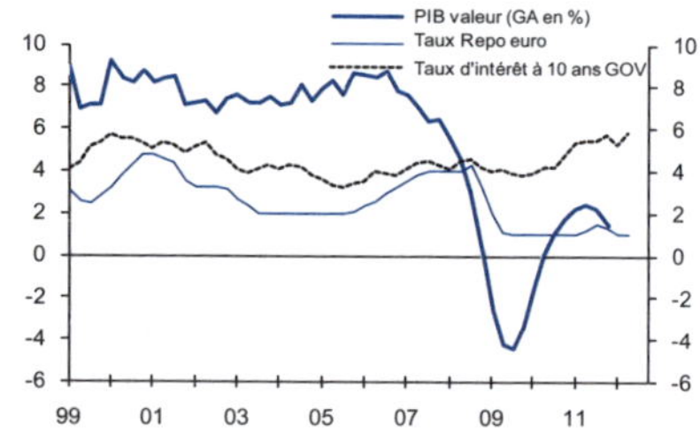


*Sources : Datastream, INE, Natixis.*

Depuis 2009 la situation s'est inversée : les pays à croissance faible sont en récession, l'Allemagne est en croissance supérieure à la moyenne.

On voit bien la force centrifuge que ceci fait apparaître dans l'Union Monétaire : les pays où la croissance est inférieure à la moyenne de l'Union, pour une raison quelconque (en Allemagne avant 2006 il s'agissait de la conséquence des politiques de redressement de l'offre mises en place avec en particulier la faible hausse des salaires) sont de plus confrontés à une politique monétaire restrictive, ce qui freine le crédit, fait baisser les prix des actifs, et réduit encore la croissance. Les pays où la croissance est supérieure à la moyenne de l'Union bénéficient de plus d'une politique monétaire expansionniste qui soutient la valeur des prix des actifs (par exemple les prix de l'immobilier) et stimule encore la croissance.

Depuis la récession de 2009, cette dynamique divergente s'est encore aggravée par l'apparition de primes de risque s'ajoutant aux taux d'intérêt des pays en difficulté. Si un pays est en croissance lente il est plus difficile de réduire son déficit public, et de plus certains investisseurs peuvent suspecter qu'il pourrait un jour sortir de l'union monétaire. Ces craintes font apparaître des primes de risque de défaut (sur la dette publique) et des primes de risque de change (s'il y a inquiétude quant au maintien du pays dans la zone euro) qui s'ajoutent aux taux d'intérêt à long terme et rendent les taux d'intérêt du pays encore plus élevés, alors qu'ils sont déjà élevés par rapport à sa croissance faible. L'hétérogénéité « normale » qui vient de la politique monétaire commune est amplifiée par la présence de primes de risque (encadré 14).

**Encadré 14**

**Primes de risque**

De la création de l'euro à la récession de 2008-2009, les différents pays de la zone euro se sont endettés à des taux d'intérêt à long terme semblables. Nous prenons les exemples de l'Espagne et de l'Allemagne, l'Espagne faisant partie des pays à croissance forte jusqu'en 2007 (graph. 1).

1 – Taux d'intérêt à 10 ans sur emprunts d'État

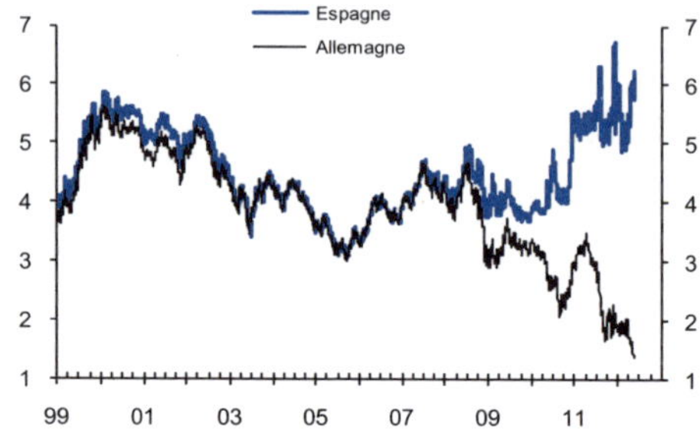


Sources : Datastream, Natixis.

Depuis la récession, et avec la crise de la zone euro, sont apparues des primes de risque qui se sont ajoutées aux taux d'intérêt à long terme sur la dette espagnole (graph. 2) ; sur le graphique *spread* signifie écart de taux d'intérêt et PB signifie point de base, c'est-à-dire 1/100ᵉ de point de pourcentage.

2 – Espagne : spread de taux 10 ans* entre Espagne et Allemagne (en points de base)

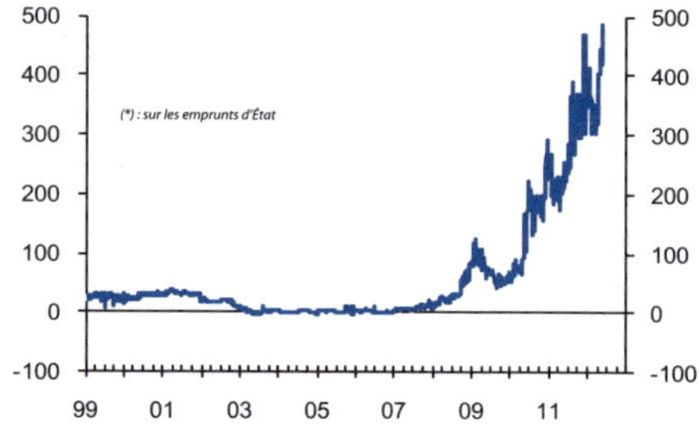


Sources : Datastream, Natixis.

Ces primes de risque aggravent le problème de l'Espagne, qui a à la fois une croissance faible (négative) en 2012 et des taux d'intérêt élevés. Il peut s'agir :

– de primes de risque de défaut sur la dette publique, dues à l'importance des déficits publics (graph. 3) ;
– de primes de risques de change, si certains investisseurs pensent que la faiblesse de la croissance pourrait forcer l'Espagne à sortir dans le futur de la zone euro.

3 – Espagne : PIB et déficit public

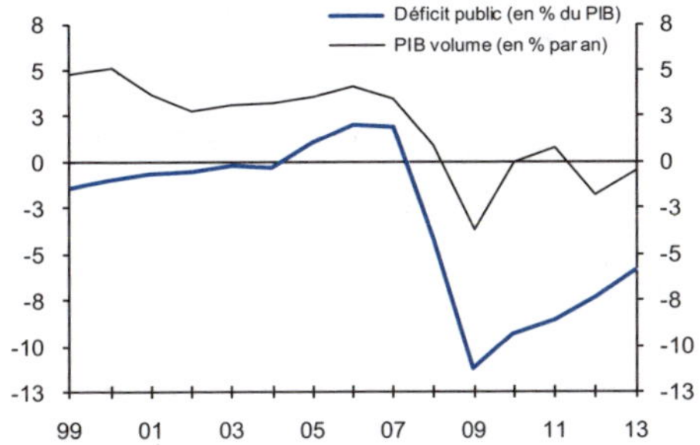


*Sources : Datastream, prévisions Natixis.*

## Comment corriger ce facteur « normal » d'hétérogénéité ?

Il est donc normal, inévitable que le caractère commun de la politique monétaire et des taux d'intérêt dans une union monétaire accroisse l'hétérogénéité en rendant la politique monétaire expansionniste dans les pays à croissance supérieure à la moyenne et restrictive dans les pays à croissance inférieure à la moyenne.

Mais il est possible de lutter contre cette hétérogénéité « inévitable ». Le fait que la politique monétaire soit commune alors que les situations des pays sont diverses, devrait d'abord être compensé par un plus grand activisme des politiques budgétaires.

Dans l'analyse théorique la plus simple, la politique monétaire est utilisée pour stabiliser la situation moyenne de l'union monétaire (puisqu'elle est unique), les politiques budgétaires nationales sont utilisées pour stabiliser la situation économique particulière de chacun des pays.

Les politiques budgétaires de chaque pays devraient donc pouvoir être utilisées beaucoup plus librement pour réagir aux aléas nationaux domestiques dans une union monétaire que dans une situation de changes flexibles.

Mais les autorités européennes ont fait un choix différent, d'abord avec le Pacte de Stabilité et de Croissance, puis avec la Règle d'or qui harmonisent au contraire les politiques budgétaires des différents pays. Le Pacte de Stabilité et de Croissance limite en principe le déficit public de chaque pays à 3 % du Produit Intérieur Brut.

Dans le futur, la Règle d'or doit interdire les déficits publics structurels (c'est-à-dire une fois qu'a été pris en compte l'effet de la position cyclique, conjoncturelle du pays sur les finances publiques) supérieurs à 0,5 % du PIB.

Si la politique monétaire est commune et si les politiques budgétaires sont harmonisées, l'hétérogénéité des pays où les chocs asymétriques affectant les pays, ne peuvent pas être corrigés.

Quel est le fondement des règles budgétaires qui harmonisent les politiques budgétaires des pays de la zone euro alors qu'en principe elles devraient être différenciées ? C'est la croyance en des externalités négatives des déficits publics, c'est-à-dire le fait que si un pays a un déficit public excessif, l'effet induit sur le bien-être des autres pays est négatif (voir encadré 15). Pour empêcher que ces externalités négatives des déficits publics dans une union monétaire n'apparaissent il faut alors limiter les déficits publics, ce qui vient en contradiction avec le besoin accru de stabilisation au niveau national dans une union monétaire puisque la politique monétaire est unique.

**Encadré 15**

**Externalités des politiques budgétaires dans l'union monétaire**

Le fondement des règles budgétaires de la zone euro est que dans une union monétaire, les déficits publics excessifs génèrent des externalités négatives sur les autres pays de l'union monétaire, c'est-à-dire réduisent le bien-être de ces autres pays.

Quels sont les arguments évoqués pour défendre la présence de ces externalités négatives ?
- si un pays d'une union monétaire a un déficit public excessif le taux d'intérêt commun moyen de l'union monétaire va s'accroître ce qui est défavorable pour tous les pays ;
- si un pays d'une union monétaire a un déficit public excessif il peut en résulter un déficit extérieur pour l'ensemble de l'union, d'où une dépréciation du taux de change ;
- si un pays d'une union monétaire perd sa solvabilité budgétaire, on l'a vu dans la crise récente, les autres pays peuvent être forcés de le soutenir, une crise financière globale peut apparaître.

Un déficit public excessif dans un pays d'une union monétaire peut forcer la Banque Centrale à monétiser ce déficit d'où un excès de création monétaire.

L'autre possibilité pour lutter contre l'hétérogénéité naturelle qui vient de l'unicité des taux d'intérêt dans une union monétaire où les pays ont des taux de croissance différents serait la multiplication des instruments de la politique monétaire.

Dans la configuration où la Banque Centrale Européenne a comme seul objectif la stabilité des prix (« inflation inférieure à 2 % mais proche de 2 % ») et comme seul instrument le taux d'intérêt à court terme (le taux des repos, des prêts avec collatéral que fait la BCE aux banques), la diversité des situations des pays ne peut évidemment pas être prise en compte : la BCE a un instrument pour un objectif qui est l'inflation moyenne de la zone euro, s'il y a une explosion du crédit bancaire (immobilier) et des prix de l'immobilier en Espagne, et si l'inflation moyenne de la zone euro reste inférieure à 2 %, la BCE ne peut pas réagir (voir encadré 16).

On appelle *repo* (raccourci pour *Repurchase Agreement*) un prêt nanti par un actif financier donné en garantie au prêteur (ici la BCE), et qu'on appelle collatéral (de l'anglais, garantie hypothécaire).

**Encadré 16**

**Conflit d'objectifs dans la zone euro**

De la création de l'euro à la crise de 2008-2099, la zone euro été caractérisée :

– par une inflation moyenne faible (graph. 1) ; le CPI (Consumer Price Index) est l'indice des prix à la consommation ;

1 – Zone euro : inflation (CPI, GA en %)

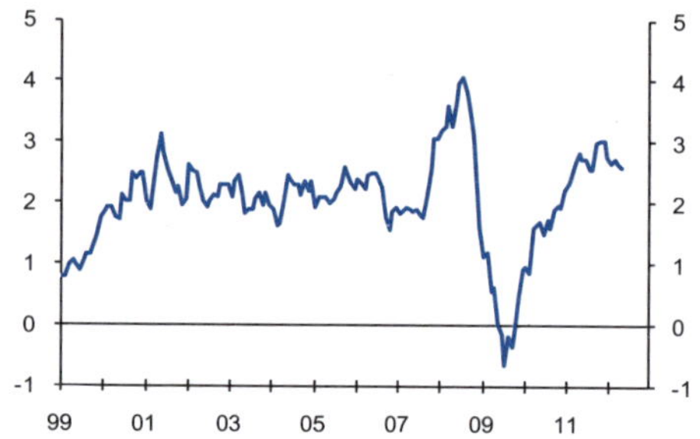

Sources : Datastream, Natixis.

– par des déséquilibres financiers importants dans certains pays : une croissance très rapide de l'endettement du secteur privé (graph. 2a), une hausse très rapide des prix de l'immobilier (graph. 2b), et avec la hausse de l'endettement, un déficit extérieur devenant très important (graph. 2c).

2a – Dette des ménages + entreprises (en % du PIB)

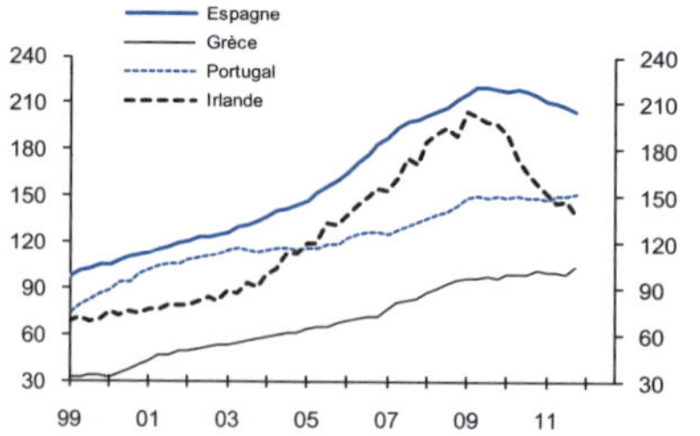

Sources : Datastream, Natixis.

2b – Prix de l'immobilier

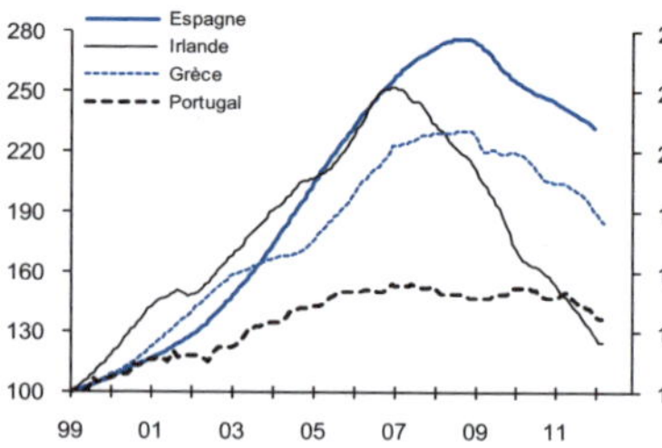

Sources : Datastream, Natixis.

(100 en 1999 : 1)

### 2c – Balance courante (en % du PIB, valeur)

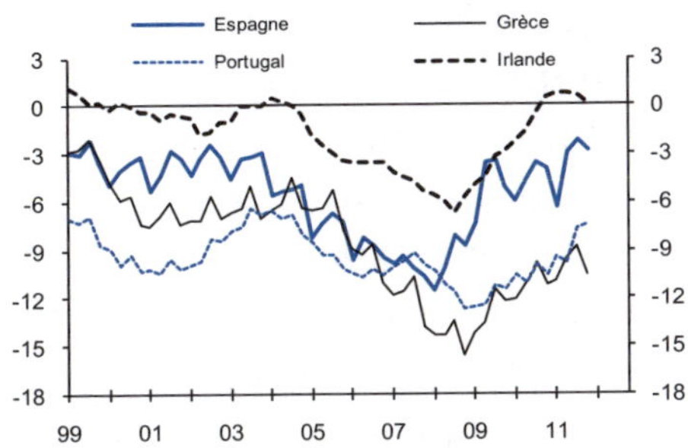


Sources : Datastream, Natixis.

Mais la BCE a respecté son mandat : stabiliser l'inflation légèrement en dessous de 2 %, ce qui l'a amené à conserver un taux d'intérêt (son taux d'intervention, le taux *repo* sur l'euro, le taux de prêts de la BCE aux banques) faible (graph. 3), malgré la hausse de l'endettement et des prix de l'immobilier. Il y a clairement eu conflit d'objectifs entre :

– la stabilité des prix ;
– la stabilisation financière (de l'endettement, des prix des actifs, des comptes extérieurs).

Ce conflit d'objectifs n'aurait pu être résolu que si la BCE avait disposé de davantage d'instruments que le seul taux d'intérêt à court terme.

### 3 – Zone euro : taux directeur, crédits au secteur privé* et prix de l'immobilier

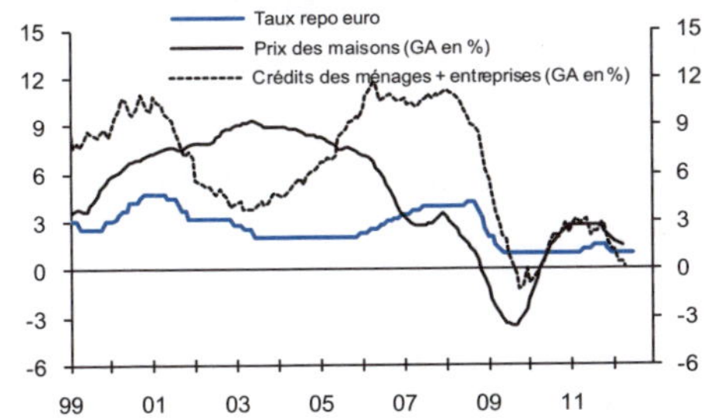


Sources : Datastream, BCE, Natixis.

*(*) Ménages + entreprises*

Pour que la Banque Centrale Européenne puisse réagir, il faudrait qu'elle dispose d'autres instruments de la politique monétaire que les taux d'intérêts à court terme qui puissent être utilisés de manière spécifique. Par exemple, s'il faut lutter contre une bulle immobilière en Espagne, on pourrait accroître les réserves obligatoires des banques espagnoles (réserves qu'elles doivent déposer à la Banque Centrale) sur les crédits immobiliers ; on pourrait (ce qui avait d'ailleurs été fait dans une certaine mesure) demander davantage de fonds propres aux banques espagnoles. On pourrait aussi d'ailleurs utiliser des instruments de la politique budgétaire : non-déductibilité des intérêts des emprunts immobiliers, taxation accrue des plus-values en capital immobilier.

Au total, très peu a été fait dans la zone euro pour réduire l'hétérogénéité inévitable qui vient de l'unicité de la politique monétaire, qui stimule l'économie des pays en croissance supérieure à la moyenne de la zone et qui freine l'économie des pays en croissance plus faible que la moyenne de la zone.

Les politiques budgétaires ont été harmonisées, ce qui implique qu'elles ne peuvent pas être substituées aux politiques monétaires pour stabiliser les économies de chaque pays en cas de situation ou de chocs spécifiques ; la BCE s'est concentrée sur l'objectif de stabilité des prix dans l'ensemble de la zone euro sans réagir aux déséquilibres inquiétants qui apparaissaient dans certains pays (excès d'endettement, bulle sur les prix de l'immobilier) faute d'instruments pour le faire.

Ceci a été renforcé par l'inexistence de la discipline de marché : la divergence des taux d'endettement n'a pas été freinée par la réaction de primes de risque payées sur les taux d'intérêt qui aurait pu être un substitut à la réaction des politiques économiques à l'hétérogénéité.

Les Agences de notation (en anglais *rating*) n'ont donné aucune indication prévisionnelle fiable sur l'évolution de la situation des pays et n'ont donc pas été un substitut fiable à la discipline de marché.

### Encadré 17

### L'inefficacité des Agences de notation (*rating*)

On critique souvent les Agences de notation parce qu'elles sont déstabilisantes. Mais en réalité, le pire est qu'elles sont inefficaces : elles ne donnent aucune indication prévisionnelle fiable sur la situation des pays avec une avance suffisante pour que les investisseurs puissent les utiliser.

Au contraire, elles suivent les marchés financiers, comme le montrent les exemples de l'Espagne, de l'Italie, du Portugal, de la Grèce, de l'Irlande. Il est très clair, en 2008 et 2011 en particulier, que les baisses de note par les Agences de notation suivent et ne précèdent pas les hausses de taux d'intérêt.

**1 – Espagne : taux d'intérêt à 10 ans et *rating* d'Agence***

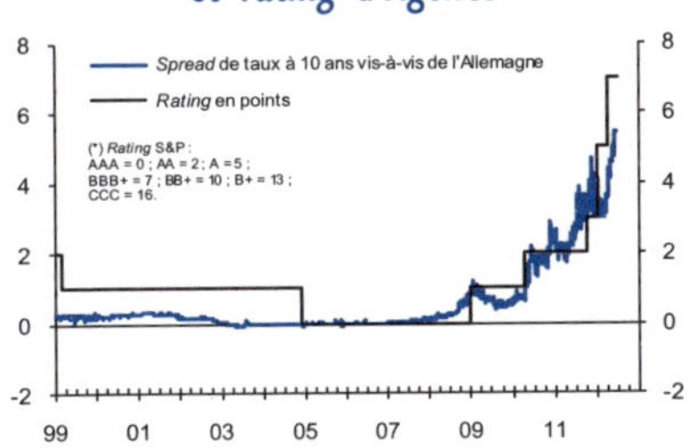


*Sources : Datastream, Bloomberg, Natixis.*

**2 – Italie : taux d'intérêt à 10 ans et *rating* d'Agence***

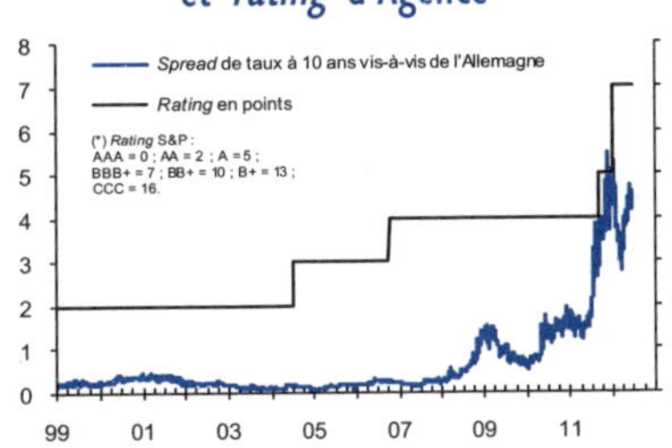


*Sources : Datastream, Bloomberg, Natixis.*

**3 – Portugal : taux d'intérêt à 10 ans et *rating* d'Agence***

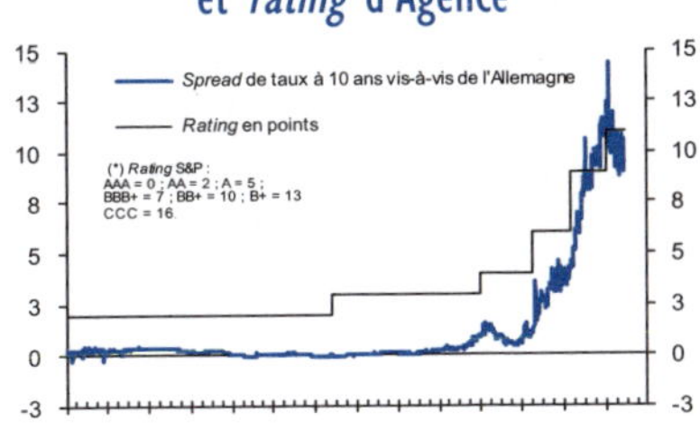


*Sources : Datastream, Bloomberg, Natixis.*

**4 – Grèce : taux d'intérê à 10 ans et *rating* d'Agence***

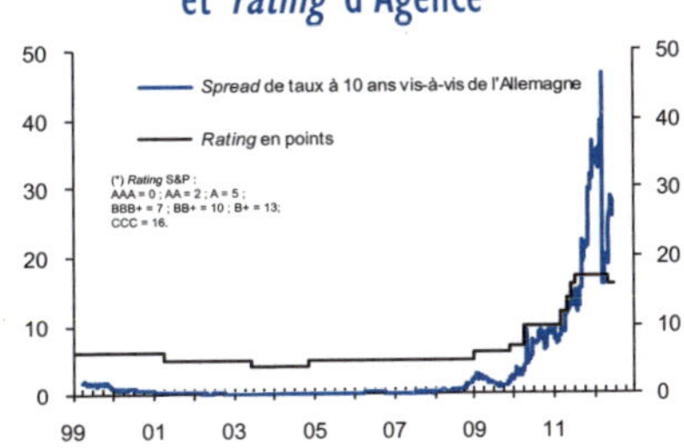


*Sources : Datastream, Bloomberg, Natixis.*

| Standard & Poor's | Points |
|---|---|
| AAA | 0 |
| AA+ | 1 |
| AA | 2 |
| AA- | 3 |
| A+ | 4 |
| A | 5 |
| A- | 6 |
| BBB+ | 7 |
| BBB | 8 |
| BBB- | 9 |

| Standard & Poor's | Points |
|---|---|
| BB+ | 10 |
| BB | 11 |
| BB- | 12 |
| B+ | 13 |
| B | 14 |
| B- | 15 |
| CCC | 16 |
| CC | 17 |
| C | 18 |

**Encadré 18**

**La discipline de marché ne fonctionne pas**

La discipline de marché consiste normalement en ce que, si un emprunteur a une dette qui augmente trop vite, présente des déséquilibres dangereux, les taux d'intérêt auxquels il est confronté augmentent ce qui l'incite à prendre des mesures correctrices.

Au moment de la mise en place de l'euro, un débat s'est installé pour savoir si la discipline de marché pouvait conduire les États de la zone euro à mener des politiques budgétaires raisonnables, évitant des crises de liquidité budgétaire, ou s'il fallait mettre en place des règles budgétaires contraignantes. Le débat a été tranché en faveur des règles contraignantes, avec le Pacte de Stabilité et de Croissance limitant les déficits publics à 3 % du Produit Intérieur Brut, puis aujourd'hui avec la « Règle d'or », interdisant les déficits publics structurels (corrigés de la situation conjoncturelle). Il faut reconnaître que la discipline de marché n'a pas fonctionné. Depuis longtemps, la Grèce, le Portugal, l'Italie ont des problèmes de finances publiques (graph. 1 et 2).

### 1 – Déficit public (en % du PIB, valeur)

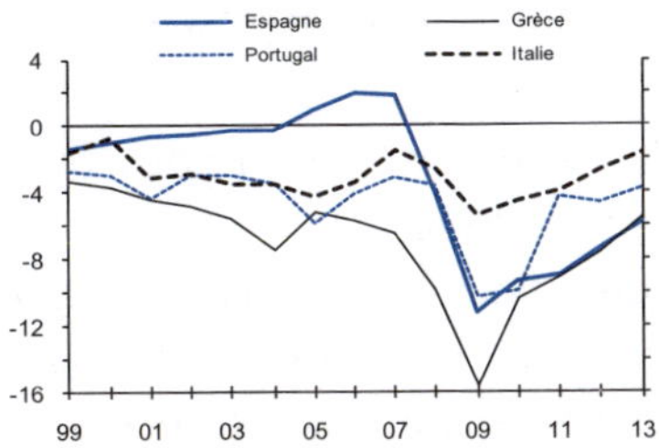


Sources : Datastream, prévisions Natixis.

### 2 – Dette publique (en % du PIB)

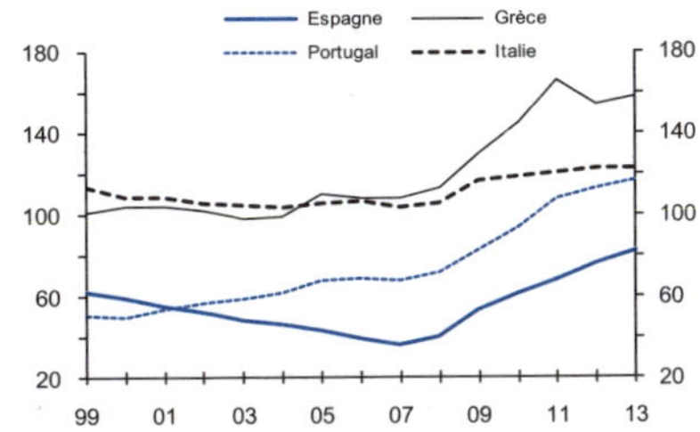


Sources : Datastream, prévisions Natixis.

Depuis longtemps, l'Espagne, la Grèce, le Portugal ont des déficits extérieurs insoutenables (graph. 3).

### 3 – Balance courante (en % du PIB, valeur)

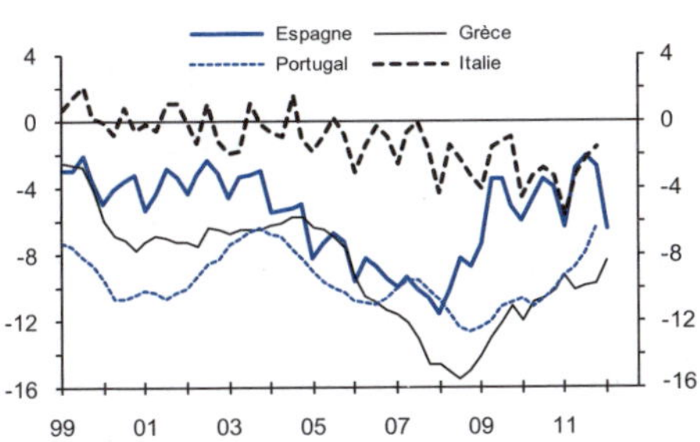


Sources : Datastream, Natixis.

Pourtant, tous ces pays se sont financés à peu près au même taux d'intérêt que l'Allemagne jusqu'en 2007 (graph. 4), puis à partir de 2008 ont connu une hausse dramatique de leurs taux d'intérêt.

### 4 – Taux d'intérêt à 10 ans sur les emprunts d'État

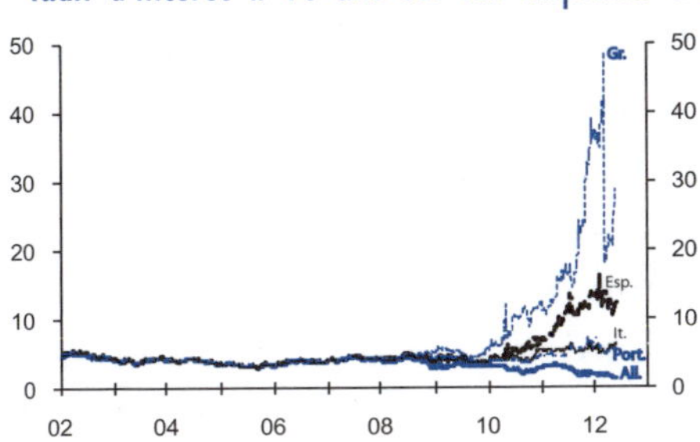


Sources : Datastream, Natixis.

Si la discipline de marché conduit soit à des primes de risque ridiculement faibles, soit à des primes de risque extraordinairement élevées, il faut lui substituer une autre méthode de contrôle de l'endettement public.
Mais quelle réaction de politique économique ? Des règles budgétaires ? La gestion des taux d'intérêt par la BCE ?
Les règles budgétaires (équilibre des finances publiques, appelé « Règle d'or ») sont trop simplistes. Les situations des finances publiques des différents pays de la zone euro sont trop diverses pour que les taux d'intérêt de la BCE puissent être utilisés et la BCE ne souhaite pas intervenir sur tous les marchés de dettes publiques.

On voit donc bien apparaître les trois causes de l'hétérogénéité des pays de la zone euro :

- l'hétérogénéité normale due à la spécialisation et à la présence plus ou moins abondante des facteurs de production nécessaires ;
- l'hétérogénéité anormale due aux différences structurelles entre les politiques économiques, les fonctionnements des marchés du travail, les efforts d'innovation ;
- l'hétérogénéité mécanique due à l'unicité de la politique monétaire.

Ces causes s'ajoutant, la zone euro est aujourd'hui une région très hétérogène, contrairement aux attentes des fondateurs de l'euro. Le poids de l'industrie dans le Produit Intérieur Brut va de 6 % à 27 %, le niveau de revenu va de 14 000 à 32 000 € par an, le solde de la balance courante, selon les pays va, d'un déficit de 9 points du PIB à un excédent de 10 points du PIB. Les perspectives de croissance pour quelques années, s'étalent entre des récessions fortes (–2 %, –3 % par an) sinon pire et une croissance acceptable (plus de 1 % par an en Allemagne). Cette hétérogénéité est pour nous, on va le voir, au cœur du déclenchement de la crise dans ces différentes formes.

# Chapitre 2

# Les symptômes et la persistance de la crise de la zone euro

La crise de la zone euro a pris de très nombreuses formes différentes : crise des dettes publiques, crise bancaire, crise du financement extérieur des pays, crise de solvabilité ou crise de liquidité selon les pays, crise spéculative ou crise de l'aversion au risque des investisseurs.

On verra plus loin la différence très importante entre une crise de liquidité (l'emprunteur ne parvient plus à s'endetter mais il est capable de rembourser ses dettes) et une crise de solvabilité (l'emprunteur insolvable ne peut pas rembourser ses dettes).

La crise a connu des périodes critiques, comme pendant l'été 2011 et au début de l'été 2012, puis elle a semblé devenir moins sévère mais elle semble toujours prête à réapparaître puisqu'aucun remède durable n'a finalement été mis en place, comme on le voit depuis avril 2012.

Les trois problèmes centraux qui sont apparus dans la gestion de la crise nous paraissent être d'une part la difficulté à l'identifier correctement comme une crise de balance des paiements ; d'autre part l'incapacité à trier dès le début entre les pays souffrant d'une crise de solvabilité et ceux souffrant d'une crise de liquidité, alors que les remèdes dans les deux cas doivent être très différents ; enfin l'apparition d'un cercle vicieux où les politiques budgétaires restrictives et la nécessité de faire disparaître les déficits extérieurs amènent une telle contraction de l'activité que finalement les déficits publics ne se réduisent plus et que les politiques d'austérité deviennent inefficaces en particulier en raison de leur caractère simultané, ce qui peut faire craindre à certains l'explosion de l'euro malgré son coût énorme.

### *Crise des finances publiques, crise bancaire ou crise de balance des paiements*

En première apparence, il semble que la crise de la zone euro soit une crise des finances publiques, une crise des dettes souveraines.

Son caractère le plus spectaculaire a été en effet la très forte hausse des taux d'intérêt sur la dette publique des pays en difficulté correspondant à une situation où ces pays ne pouvaient plus financer leurs déficits publics sur les marchés financiers (encadré 1).

**Encadré 1**

**Crise des finances publiques des pays de la zone euro**

Les graphiques 1a et 1b montrent les taux d'intérêt payés par les pays en difficulté sur leurs dettes publiques. On voit bien les phases de tension de la crise de la zone euro (printemps 2010, été 2011, fin 2011) et les phases de détente (début 2012).

### 1a – Taux d'intérêt à 10 ans sur les emprunts d'État

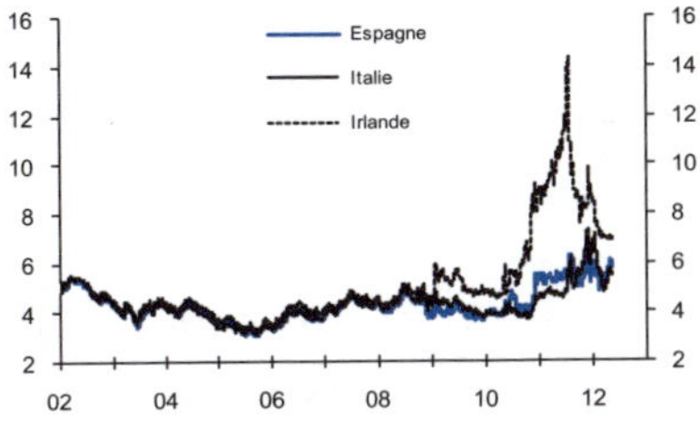


Sources : Datastream, Natixis.

### 1b – Taux d'intérêt à 10 ans sur les emprunts d'État

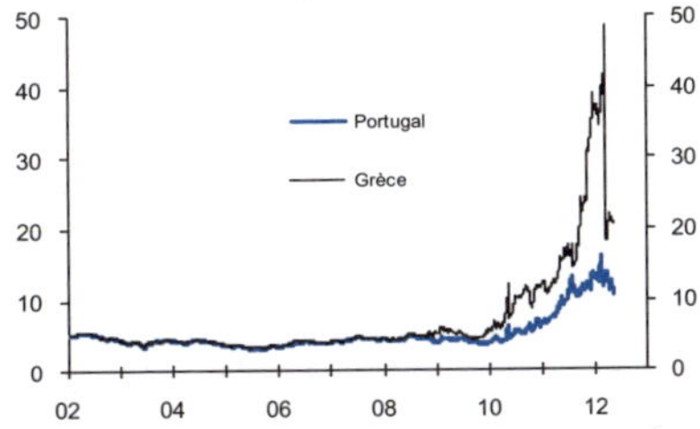


Sources : Datastream, Natixis.

Les pays en difficulté sont bien ceux qui ont les déficits publics (Espagne, Irlande, Portugal, Grèce) ou les taux d'endettement publics (Italie) les plus élevés (graph. 2 et 3).

### 2 – Déficit public (en % du PIB, valeur)

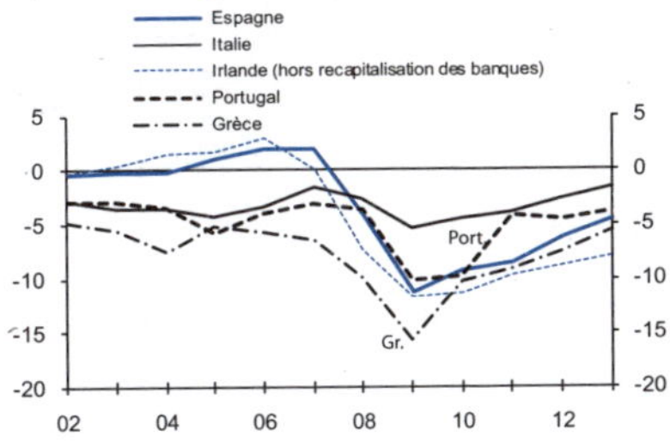


Sources : Datastream, prévisions Natixis.

### 3 – Dette publique (en % du PIB)

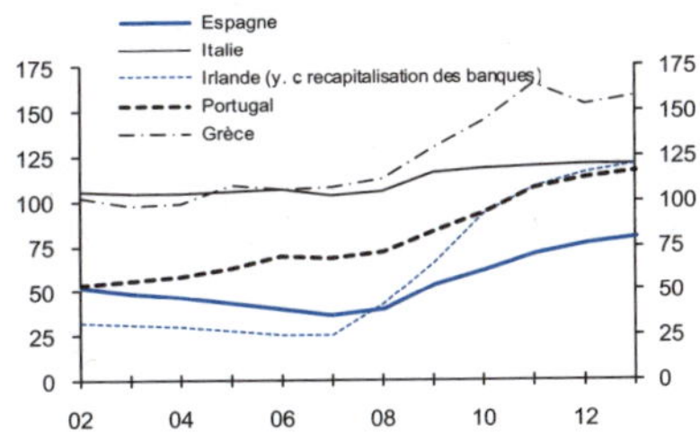


Sources : Datastream, prévisions Natixis.

Pour éviter les défauts des pays (c'est-à-dire que les pays renoncent à assurer le service de leurs dettes), de nouveaux mécanismes de prêts ont dû être mis en place : des prêts aux gouvernements faits par un fonds européen spécialement créé (EFSF-ESM[1]) et par le FMI ; des prêts aux banques faits par la BCE leur permettant d'investir en titres publics et de financer aussi les Trésors à la place des autres investisseurs. Les « repos » à long terme (à 3 ans) de la BCE ont joué un

1. Fonds Européen de Stabilité Financière et Mécanisme Européen de Stabilité.

rôle important pour limiter la gravité de la crise à partir de la fin de 2011 (encadré 2).

La BCE prête normalement aux banques pour de courtes périodes de temps (15 jours). Mais pour que les banques puissent utiliser les prêts de la BCE pour acheter des obligations d'État à long terme, il a fallu allonger (à 1 an, puis 3 ans) la durée des prêts de la BCE. Les banques étant alors devenues, à partir de la fin de 2011, acheteuses d'obligations publiques, les taux d'intérêt de celles-ci ont baissé.

**Encadré 2**

**Repos à 3 ans de la BCE**

En décembre 2011 et en février 2012, la BCE a fait des prêts à long terme (des repos à 3 ans, dits VLTRO[1]) aux banques de la zone euro. Les banques espagnoles et italiennes en particulier (graph. 1) ont emprunté auprès de la BCE avec cette nouvelle facilité et ont acheté des titres publics de leurs pays (graph. 2).

1 – Encours de repos des banques (Mds d'euros)

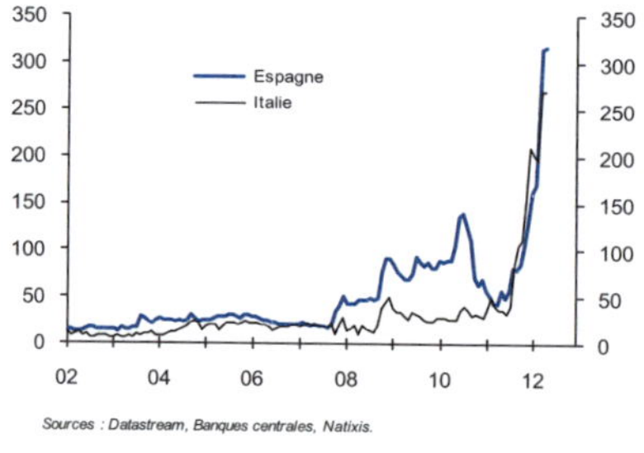


2 – Achats de dette publique par les banques (Mds d'euros)

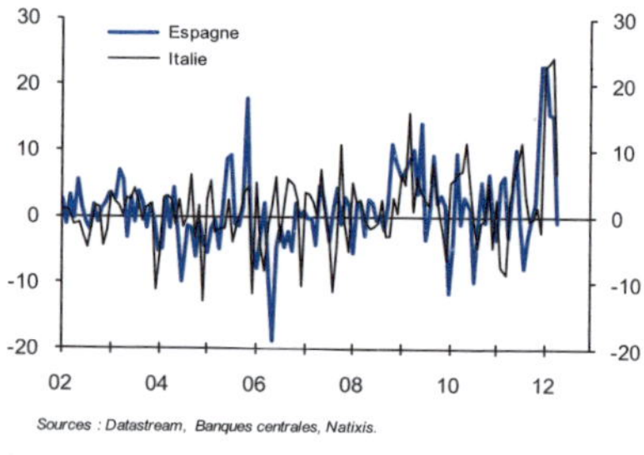


Ceci avait fait transitoirement rebaisser les taux d'intérêt sur les dettes de ces deux pays.

1. VLTRO : *Very Long Term Refinancing Operations* : opérations de refinancement à très long terme.

3 – Taux d'intérêt à 10 ans sur les emprunts d'État

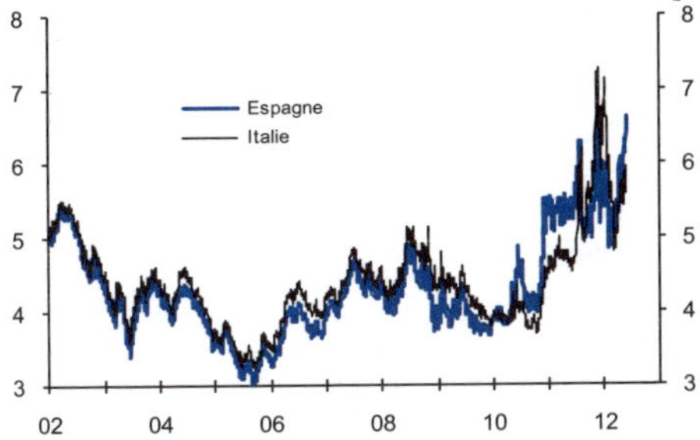


*Sources : Datastream, Natixis.*

L'alternance de période où les États en difficulté ne peuvent pas se financer et où leurs taux d'intérêt demeurent très élevés et de périodes où des mécanismes de prêt de secours sont mis en place et où leurs taux d'intérêt reculent se poursuit en 2011-2012 (voir encadré 1).

Mais la crise semble aussi être une crise bancaire.

Il se trouve que les banques de la zone euro détiennent des portefeuilles importants des dettes publiques de la zone euro (tableau 1).

Ceci explique le lien qui s'est immédiatement créé entre la crise des dettes souveraines, la crise bancaire et le coût de financement de l'économie.

Lorsque les investisseurs ont craint que certains États ne puissent pas rembourser leurs dettes publiques, ils ont exigé de ces États des primes de risque de défaut qui se sont ajoutées aux taux d'intérêt. Mais ils ont alors aussi craint que les banques ne fassent des pertes massives sur les dettes publiques qu'elles détenaient, ce qui a fait apparaître aussi des primes de risque de défaut sur les taux d'intérêt des dettes bancaires : si les coûts de financement des banques s'accroissent, alors les banques accroissent les taux d'intérêt des crédits aux ménages et aux entreprises ; le coût de financement de

### Tableau 1
### Détention de dettes publiques des pays de la zone euro détenus par les banques de la zone euro (sept. 2011, en Mds d'€)

| Dette de / Banques | Allemagne | Autriche | Belgique | Espagne | Finlande | France | Grèce |
|---|---|---|---|---|---|---|---|
| Allemagne | 315,84 | 10,75 | 7,01 | 19,17 | 0,62 | 17,34 | 6,35 |
| Autriche | 1,45 | 11,63 | 0,40 | 0,10 | 0,16 | 0,29 | 0,13 |
| Belgique | 12,49 | 2,06 | 24,90 | 2,61 | 0,25 | 2,30 | 4,27 |
| Chypre | 0,00 | 0,34 | 0,04 | 0,00 | 0,00 | 0,49 | 4,93 |
| Espagne | 3,44 | 0,26 | 0,91 | 167,58 | 0,13 | 4,49 | 0,25 |
| Finlande | 0,15 | 0,00 | 0,15 | 0,00 | 0,14 | 0,01 | 0,00 |
| France | 32,01 | 4,00 | 34,70 | 11,42 | 2,05 | 108,64 | 7,52 |
| Irlande | 0,27 | 0,23 | 0,00 | 0,03 | 0,07 | 1,03 | 0,02 |
| Italie | 20,02 | 2,94 | 0,19 | 3,77 | 0,03 | 0,28 | 1,47 |
| Luxembourg | 0,06 | 0,09 | 0,16 | 0,17 | 0,01 | 0,07 | 0,08 |
| Malte | 0,01 | 0,00 | 0,00 | 0,00 | 0,00 | 0,02 | 0,01 |
| Pays-Bas | 29,49 | 3,08 | 15,07 | 1,32 | 2,08 | 22,84 | 0,87 |
| Portugal | 0,01 | 0,02 | 0,01 | 0,10 | 0,00 | 0,24 | 1,02 |
| Slovénie | 0,21 | 0,18 | 0,23 | 0,02 | 0,03 | 0,27 | 0,01 |
| Total des banques de la Zone euro | 415,46 | 35,58 | 83,77 | 206,28 | 5,57 | 158,31 | 26,91 |

### Tableau 1 (suite)
### Détention de dettes publiques des pays de la zone euro détenus par les banques de la zone euro (sept. 2011, en Mds d'€)

| Dette de / Banques | Irlande | Italie | Pays-Bas | Portugal | Slovaquie | Zone euro |
|---|---|---|---|---|---|---|
| Allemagne | 0,89 | 30,01 | 7,54 | 3,97 | 0,89 | 421,49 |
| Autriche | 0,05 | 1,05 | 0,12 | 0,03 | 6,40 | 22,26 |
| Belgique | 0,38 | 18,45 | 0,30 | 1,99 | 1,60 | 72,08 |
| Chypre | 0,36 | 0,10 | 0,00 | 0,00 | 0,00 | 7,41 |
| Espagne | 0,00 | 6,95 | 0,72 | 3,39 | 0,00 | 188,12 |
| Finlande | 0,04 | 0,00 | 0,00 | 0,00 | 0,00 | 0,50 |
| France | 1,79 | 41,79 | 14,07 | 3,57 | 0,53 | 263,68 |
| Irlande | 12,46 | 0,24 | 0,36 | 0,10 | 0,00 | 14,81 |
| Italie | 0,19 | 156,04 | 0,18 | 0,29 | 3,18 | 188,94 |
| Luxembourg | 0,00 | 1,40 | 0,03 | 0,14 | 0,01 | 4,44 |
| Malte | 0,01 | 0,01 | 0,00 | 0,00 | 0,01 | 0,87 |
| Pays-Bas | 0,37 | 4,52 | 55,42 | 0,66 | 0,13 | 136,20 |
| Portugal | 0,55 | 0,96 | 0,01 | 22,74 | 0,04 | 25,70 |
| Slovénie | 0,01 | 0,03 | 0,22 | 0,00 | 0,02 | 2,64 |
| Total des banques de la Zone euro | 17,10 | 261,54 | 78,97 | 36,89 | 12,81 | 1 349,14 |

l'économie s'accroît, ce qui transforme la crise des dettes publiques en crise macroéconomique avec la hausse généralisée des taux d'intérêt dans les pays touchés par la crise (encadré 3).

**Encadré 3**

**Crise des dettes publiques, crise des banques, crise macroéconomique**

La forte corrélation entre les primes de risque payées par les États, par les banques, par les entreprises non financières, pays par pays, est spectaculaire.

Les graphiques 1 et 2 montrent les trois groupes de *Credit Défault Swaps* pour la France et pour l'Espagne.

1 – France : CDS souverains, des banques et des entreprises non financières (5 ans, en pb)

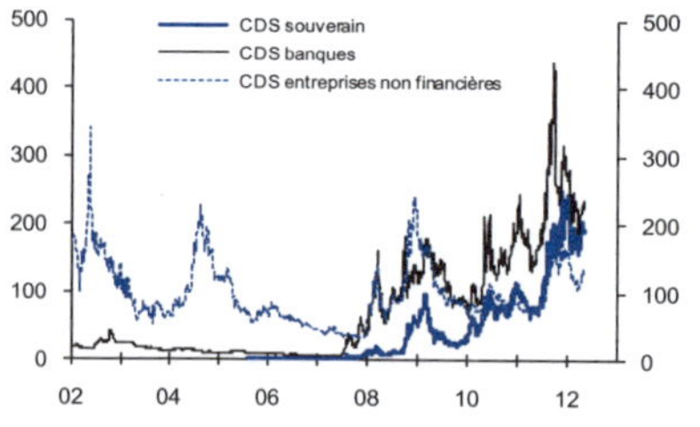


Sources : Bloomberg, Natixis.

2 – Espagne : CDS (5 ans, en pb)

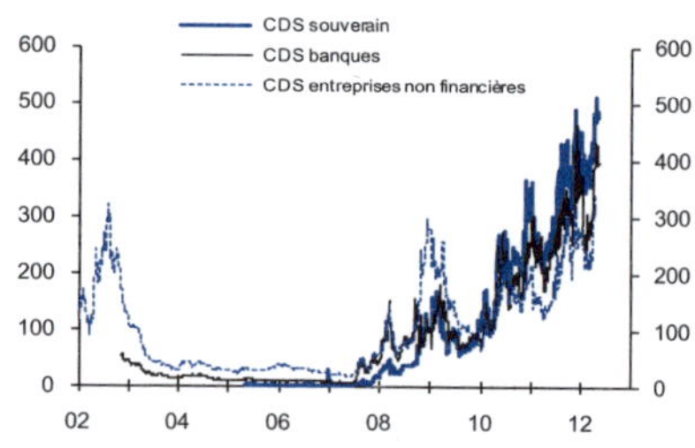


Sources : Bloomberg, Natixis.

Le CDS est la prime d'assurance que paie un investisseur pour être assuré contre le risque de défaut de l'emprunteur. Si un emprunteur a un CDS de 300 points de base (3 %), en payant 3 % par an au « vendeur de protection » un investisseur « acheteur de protection » est remboursé en cas de défaut de l'emprunteur. Le marché de CDS est un marché où interviennent les banques, les sociétés d'assurance et les *hedge funds*...

Au départ, les CDS sont donc un instrument de couverture contre le risque de défaut. Mais ils ont été de plus en plus utilisés comme instrument spéculatif, pariant soit sur la dégradation soit sur l'amélioration

de la situation d'un emprunteur. On parle de « CDS à nu » quand un intervenant des marchés financiers prend une position sur le marché des CDS sans détenir la dette sous-jacente correspondante.
Les graphiques 1 et 2 (plus bas) montrent le lien étroit entre la prime de risque sur les dettes publiques, la prime de risque que paient les banques sur leurs dettes, la prime de risque que paient les entreprises. La hausse du risque souverain se transforme en un coût de financement plus élevé pour les banques et pour l'économie.

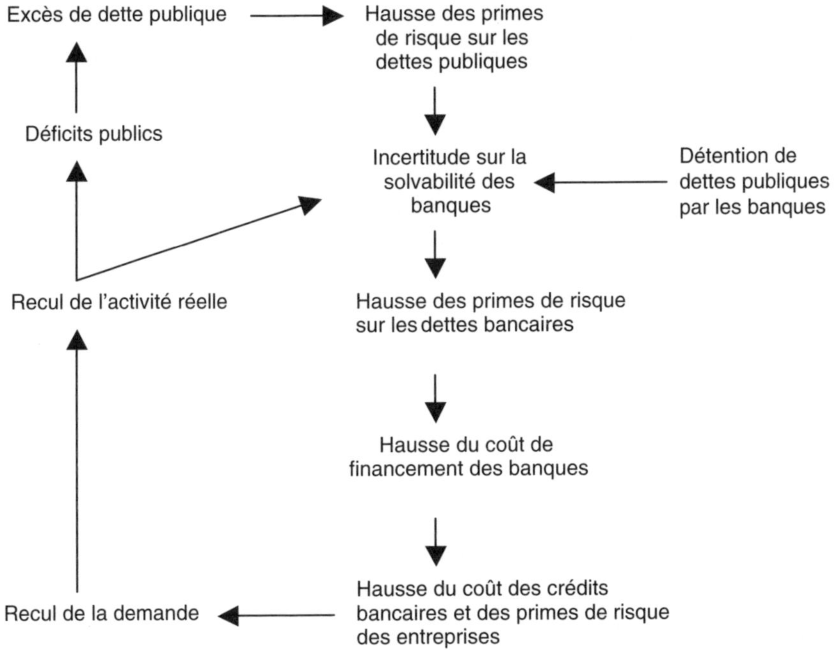


Mais fondamentalement il s'agit d'une crise du financement extérieur des pays.

Depuis la création de l'euro, la disparition du risque de change et des primes de risque correspondantes a facilité l'endettement extérieur des pays de la zone euro. Tant que l'Allemagne avait une monnaie différente de l'Espagne, du Portugal, de la Grèce, de l'Italie, de la France, il était risqué pour un investisseur (épargnant) allemand de prêter à un emprunteur de ces pays. Mais à partir du moment où ces pays ont la même monnaie, la disparition du risque de change rend plus facile les prêts des pays excédentaires vers les pays déficitaires, en termes de commerce extérieur. On a donc observé à partir du début des années 2000, une forte hausse des excédents extérieurs (en Allemagne, aux Pays-Bas, en Finlande, en Belgique) et une forte hausse des déficits extérieurs (en France, Italie, Espagne, Grèce, Irlande, Portugal), une forte hausse parallèle des actifs extérieurs des premiers pays et des dettes extérieures des seconds pays.

Mais ce que certains avaient malheureusement oublié, la disparition du risque de change, le fait que le prêteur et l'emprunteur aient la même monnaie, ne font pas disparaître la contrainte de solvabilité de l'emprunteur. Un emprunteur (privé, public...) doit rester solvable c'est-à-dire doit pouvoir rembourser ses dettes, même à l'intérieur d'une union monétaire.

L'euphorie après la création de l'euro avait fait parfois oublier cette contrainte qui a brutalement réapparu à partir de 2008.

Lorsque les prêteurs (pays du Nord de la zone euro) se sont aperçus du niveau d'endettement des emprunteurs (pays du Sud de la zone euro), ils ont arrêté de prêter : on parle de crise de balance des paiements ou de *sudden stop*, d'arrêt brutal des entrées de capitaux (encadré 4).

La perte de solvabilité externe d'un pays est liée nécessairement à la perte de solvabilité de certains agents économiques du pays; mais il peut y avoir une crise de balance des paiements et *sudden stop* sans perte de solvabilité, il y a seulement crise de liquidité, point sur lequel nous revenons plus loin.

**Encadré 4**

**Crise de balance des paiements,**
***sudden stop* dans la zone euro**

Depuis la création de l'euro la disparition du risque de change à conduit à une forte ouverture de l'écart entre l'excédent extérieur des pays du Nord de la zone euro (Allemagne, Pays-Bas, Belgique, Finlande, Autriche) et le déficit extérieur des pays du Sud de la zone euro (France, Espagne, Italie, Grèce, Portugal, Irlande, graph. 1).

1 – Balance courante (en % du PIB)

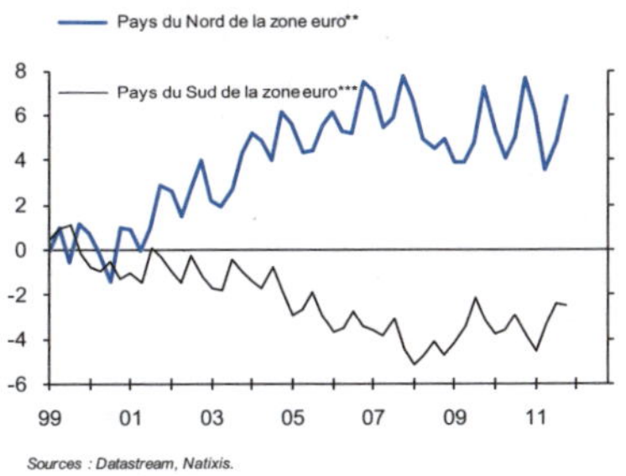


*(**) Allemagne, Pays-Bas, Belgique, Finlande et Autriche*
*(***) France, Espagne, Italie, Grèce, Portugal et Irlande*

Dans le même temps, il y avait donc accumulation d'actifs extérieurs par les pays du Nord de la zone euro et de dette extérieure par les pays du Sud (graph. 2).

2 – Actifs ou dettes extérieurs nets* (en % du PIB)

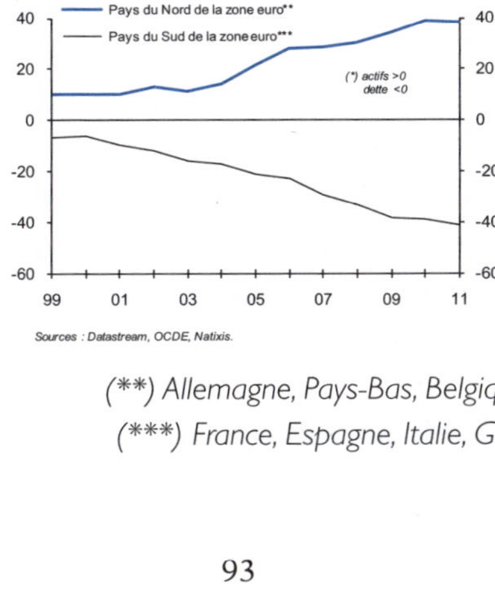


*(**) Allemagne, Pays-Bas, Belgique, Finlande et Autriche*
*(***) France, Espagne, Italie, Grèce, Portugal et Irlande*

Ce transfert d'épargne du Nord vers le Sud de la zone euro a d'abord satisfait le besoin de financement du secteur privé des pays du Sud (graph. 3a et 3b), en particulier des ménages, ce qui a favorisé la bulle immobilière. À partir de la crise des *subprimes* en 2008, le secteur privé commence à se désendetter et l'endettement public progresse avec les déficits publics mis en place pour soutenir la demande (graph. 4a et 4b).

### 3a – Crédits au secteur privé* (GA en %)

Sources : Datastream, Natixis.

### 3b – Dette des ménages + entreprises (en % du PIB)

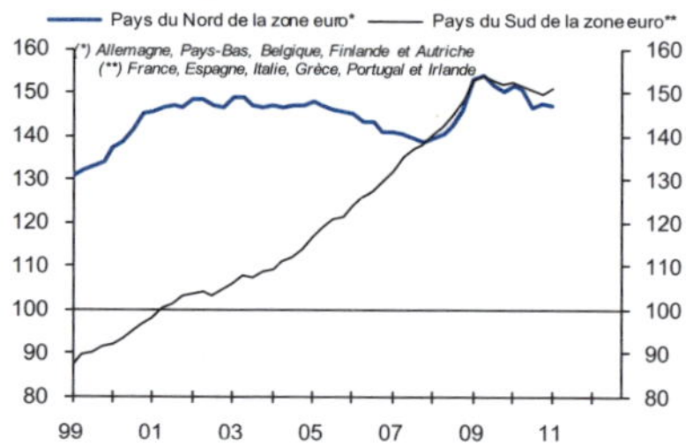


Sources : Datastream, Natixis.

*(**) Allemagne, Pays-Bas, Belgique, Finlande et Autriche*
*(***) France, Italie, Espagne, Grèce, Portugal et Irlande*

### 4a – Déficit public (en % du PIB)

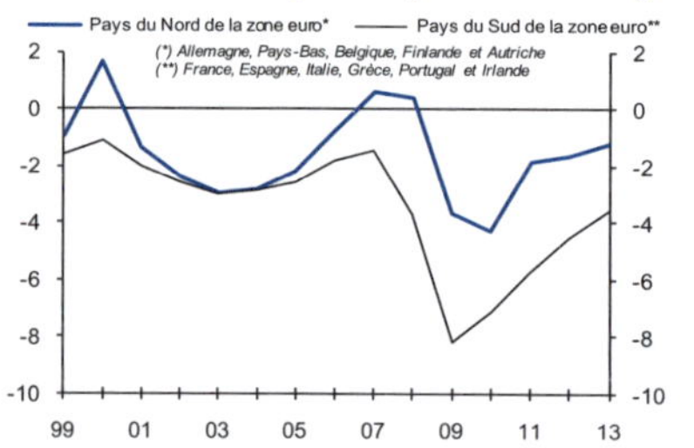


Sources : Datastream, prévisions Natixis.

### 4b – Dette publique (en % du PIB)

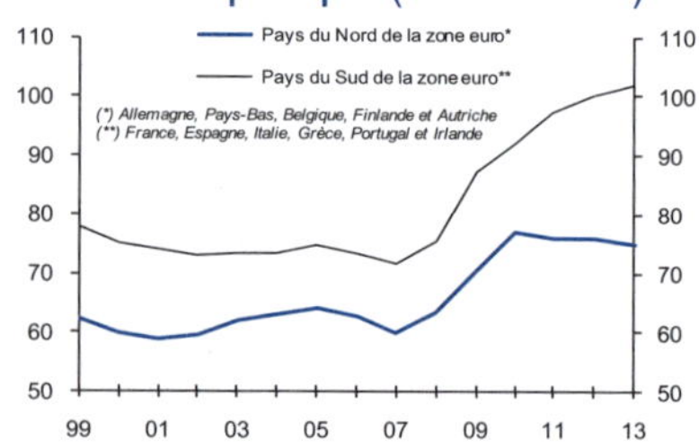


Sources : Datastream, prévisions Natixis.

Lorsque les prêteurs du nord réalisent le niveau d'endettement des emprunteurs du sud, ils arrêtent de prêter, et il y a *sudden stop*, arrêt brutal des flux de capitaux du Nord vers le Sud, crise de balance des paiements : arrêt pour les pays du Sud de la capacité de financer des déficits extérieurs et le service de leur dette extérieure. Ceci déclenche la crise, initialement à partir de la difficulté de financement des déficits publics, d'où la crise des dettes souveraines, puisqu'en 2008-2009, ce sont les États qui ont des besoins de financement extérieurs.

Il y a arrêt de la possibilité pour les agents économiques des pays ayant des déficits extérieurs, donc insuffisance d'épargne, de se financer auprès des pays ayant des excédents extérieurs, soit un excès d'épargne, comme le montre le schéma ci-dessous :

| Pays à déficits extérieurs | | | Pays à excédents extérieurs |
|---|---|---|---|
| – déficits publics<br>– besoins de financement du secteur privé<br>– insuffisance de l'épargne domestique | Besoin de financement extérieur | Flux de ←— capitaux | – épargne domestique abondante |

Lorsque la crise survient, les flux de capitaux à l'intérieur de la zone euro se tarissent, et les pays à déficits extérieurs (à l'épargne insuffisante), n'obtenant plus les financements nécessaires connaissent une forte hausse de leurs taux d'intérêt. Ils risquent la cessation de paiement s'ils ne peuvent plus faire face à leurs engagements.

Ceci a été évité comme il a déjà été dit, par la création des prêteurs publics (EFSF-ESM) et par les repos de la BCE qui ont été substitués dans l'urgence aux prêteurs disparus. Les prêteurs publics s'étant substitués aux prêteurs privés pour financer les déficits publics, les risques de défaut (cessation de paiement) des États ont été contrôlés.

La crise est donc fondamentalement une crise de balance des paiements prenant la forme d'une crise des dettes publiques transmise ensuite aux banques et aux emprunteurs privés. Le fait qu'elle continue montre que sa gestion par les autorités européennes et les gouvernements a été maladroite.

### *Les erreurs de gestion à court terme de la crise : crise de solvabilité ou crise de liquidité ? Crise spéculative ou crise d'aversion au risque ?*

Nous verrons dans le chapitre suivant les problèmes de réforme institutionnelle posés à plus long terme par la crise de la zone euro. Nous nous concentrons ici sur les erreurs de gestion à court terme de la crise de la zone euro depuis qu'elle est apparue.

La première erreur fondamentale a été de n'être pas capable de distinguer dès le début entre les pays atteints par une crise de liquidité et les pays atteints par une crise de solvabilité d'une part ; entre une crise spéculative et une crise d'aversion pour le risque des investisseurs d'autre part.

On l'a vu plus haut, la crise fondamentale est une crise de balance des paiements dans la zone euro, le capital ne circulant plus des pays excédentaires (en épargne et en commerce extérieur) du Nord de la zone euro (essentiellement Allemagne) vers les pays du Sud de la zone euro (France, Espagne, Italie, Grèce, Irlande).

Mais ce *sudden stop* (arrêt des flux de capitaux internationaux) peut recouvrir deux réalités bien différentes : une crise de solvabilité des pays emprunteurs, ou une crise de liquidité de ces pays. Dans le premier cas, les pays emprunteurs sont insolvables : ils ne pourront jamais rembourser leur dette extérieure ; il est donc normal que les investisseurs arrêtent de leur prêter.

Que faire alors, en face d'une crise de solvabilité ? Il faut normalement réduire la dette extérieure du pays, la restructurer, afin de rétablir la solvabilité du pays (sa capacité à rembourser sa dette) ; il faut ensuite mettre en place des conditions pour que la solvabilité du pays ne se dégrade pas à nouveau : réformes structurelles pour accroître sa capacité de production. Une dévaluation pour restaurer sa compétitivité prix n'est pas possible dans le cadre de la zone euro.

Dans le second cas, si un pays est confronté à une crise de liquidité, il est solvable mais cependant il ne trouve plus de prêteur. Il faut alors qu'un prêteur public (dans les cas des pays émergents, c'est le FMI, le Fond Monétaire International) intervienne pour se substituer aux prêteurs privés et éviter que le pays ne soit mis en cessation de paiement.

Cette intervention doit être rapide, puisqu'une crise de liquidité peut se transformer en crise de solvabilité. En effet, un pays ne pouvant plus emprunter ne peut plus financer ses investissements et sa capacité de production chute.

Les gouvernements européens et les autorités européennes n'ont pas su faire le tri dès le départ entre les pays confrontés à une crise de liquidité et les pays confrontés à une crise de solvabilité.

Au début de la crise, le message, surtout de la part de la BCE, a été qu'il ne pouvait pas y avoir de pays de la zone euro faisant défaut sur sa dette. Puis le message a changé complètement, puisqu'une implication du secteur privé (PSI : *Private Sector Involvement*) était envisagée. La perte pour les investisseurs privés situés essentiellement en zone euro a créé un énorme mouvement de défiance vis-à-vis de toutes les dettes des pays en difficulté et conduit à la crise de l'été 2011 (voir encadré 1 plus haut).

Puis le message a encore évolué à l'automne 2011 : seule la Grèce devra restructurer sa dette (encadré 5), les autres pays ne feront jamais défaut.

**Encadré 5**

**Restructuration de la dette grecque (fin 2011-début 2012)**

**Méthode/Montants/Résultats**

L'accord du 21 février précise les principales mesures qui doivent permettre d'assurer la soutenabilité de la dette publique hellénique à long terme. Il vise à ramener le ratio de dette publique à 120,5 % du PIB à l'horizon 2020.

**Participation du secteur privé**

– estimée à environ 200 Mds €, la dette entre les mains des investisseurs privés a subi une décote de 53,5 %. Autrement dit, la dette publique a été réduite d'environ 107 milliards €;
– par ailleurs, les investisseurs privés s'engagent à un échange de titres sur le montant restant avec des intérêts augmentant progressivement d'ici 2014.

**Participation du secteur public**

– les pays membres de l'Union européenne ramèneront de manière rétroactive leur marge d'intérêt sur les prêts bilatéraux consentis à la Grèce à 150 points de base. Cette opération permettra d'alléger d'environ 2,8 points de PIB le ratio de dette à l'horizon 2020;
– les Banques Centrales et la BCE qui détiennent des obligations grecques utiliseront leur coupon à la réduction de la dette publique grecque ce qui permettra une baisse du ratio de dette de 1,4 point de PIB d'ici 2020.

**Engagements de l'État grec**

– dans le cadre d'une conditionnalité stricte, le gouvernement grec s'engage à poursuivre la réduction de son déficit public jusqu'à -1 % du PIB à l'horizon 2016;
– engagement des deux principaux partis de gouvernement (le PASOK et Nouvelle Démocratie) de respecter la stratégie de consolidation fiscale et de réformes structurelles après les élections législatives d'avril 2012.

Les engagements du gouvernement, la participation du secteur privé et de l'Eurosystème autorisent la mise en place du second plan d'aide financière de 130 Mds € d'ici 2014. Celui-ci s'accompagne de la création d'un compte spécial pour provisionner les futurs paiements d'intérêts des dettes restantes sous contrôle de la Troïka et prévoit 30 milliards € de soutien au système bancaire grec qui détient actuellement environ 55 Mds de titres souverains.

Ce plan est-il suffisant ?

Le montant de la seconde enveloppe d'aide financière internationale apparaît comme suffisant dans le cadre des prévisions du FMI et de l'UE pour permettre à la Grèce de faire face à ses besoins de financement d'ici 2014 (environ 85 Mds € de tombées et 21 Mds € de déficit budgétaire y compris les intérêts de la dette) auxquels s'ajoutent les 30 Mds nécessaires à la recapitalisation des banques et desquels il faut décompter les recettes des privatisations (initialement estimé à 50 Mds € d'ici 2015, l'agence en charge de celles-ci a récemment revu ce montant à 19 Mds).

Cependant, le cadre macroéconomique retenu nous paraît toujours trop optimiste au vu de la situation dans laquelle se trouve l'économie grecque. Un retour de la croissance du PIB à 2,4 % à l'horizon 2014 nous paraît ambitieux. La Grèce devrait connaître en 2012 encore un recul du PIB de l'ordre de 5,5 % après une baisse de 6,9 % en 2011. Nous n'envisageons par ailleurs pas de retour à la croissance avant 2014.

Ces modifications de la position officielle ont considérablement perturbé les investisseurs : le secteur privé peut-il être impliqué, pour tous les pays, pour la Grèce seulement ?

Il aurait été bien sûr beaucoup plus efficace de dire très tôt aux investisseurs que la Grèce était insolvable (encadré 6) et que les autres pays souffraient seulement d'une crise de liquidité ; qu'il y aurait donc restructuration de la dette grecque, mais pas des dettes des autres pays qui recevraient les prêts nécessaires.

Ceci amène naturellement au problème du rôle de la spéculation dans le déclenchement de la crise de la zone euro. Le fait que des fonds aient acheté de la protection sur le marché des CDS (*Credit Default Swaps*) d'un certain nombre de pays de la zone euro est-il à l'origine de la crise ? Nous ne le croyons pas. Le marché des CDS souverains est de très petite taille par rapport à celle des dettes souveraines (tableau 2) et les flux essentiels qui ont été observés sont des ventes de banques et d'investisseurs institutionnels (assurance-vie, caisse de retraite) qui réduisent la taille de leurs portefeuilles de dette périphérique.

Tableau 2
Encours de CDS souverains en avril 2012 (Mds de $, notionnel)

| | Encours de CDS souverains | |
|---|---|---|
| | **Montant brut** | **Montant net** |
| Allemagne | 120,68 | 19,83 |
| France | 148,28 | 22,39 |
| Espagne | 181,28 | 14,48 |
| Italie | 342,55 | 20,00 |
| Portugal | 70,29 | 4,79 |
| Irlande | 47,13 | 3,54 |
| Pays-Bas | 26,26 | 3,76 |
| Belgique | 64,86 | 5,48 |
| Autriche | 57,48 | 5,41 |
| Finlande | 16,93 | 2,43 |

Source : DTCC

## Encadré 6

## La Grèce était insolvable

Depuis longtemps, il était clair que la Grèce était insolvable. Sa dette extérieure vient de l'accumulation depuis très longtemps de déficits extérieurs (graph. 1 et 2) liés à la taille extrêmement petite de l'industrie qui interdit à la Grèce de couvrir ses importations par ses exportations (graph. 3 et 4).

**1 – Grèce : balance courante (en % du PIB)**

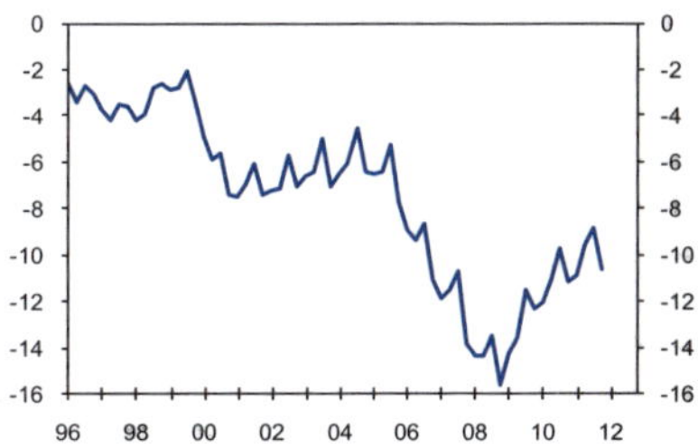

*Sources : Datastream, Natixis.*

**2 – Grèce : actifs ou dettes nets extérieurs* (en % du PIB)**

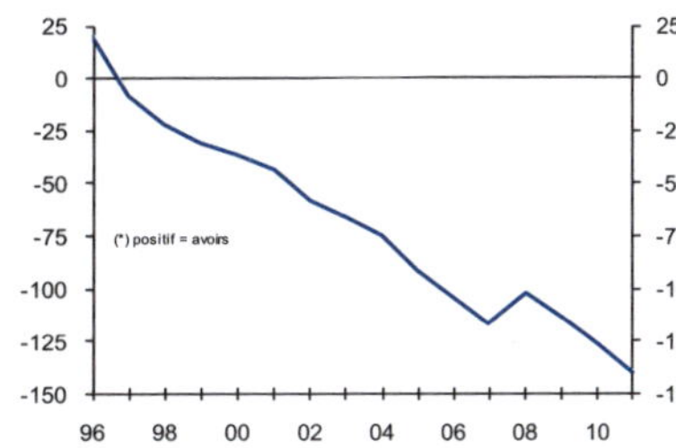


*Sources : Datastream, OCDE, Natixis.*

**3 – Grèce : emploi et valeur ajoutée dans le secteur manufacturier**

*Sources : Datastream, Eurostat, Natixis.*

**4 – Grèce : exportations et importations de biens (valeur, en Mds d'€, annualisée)**

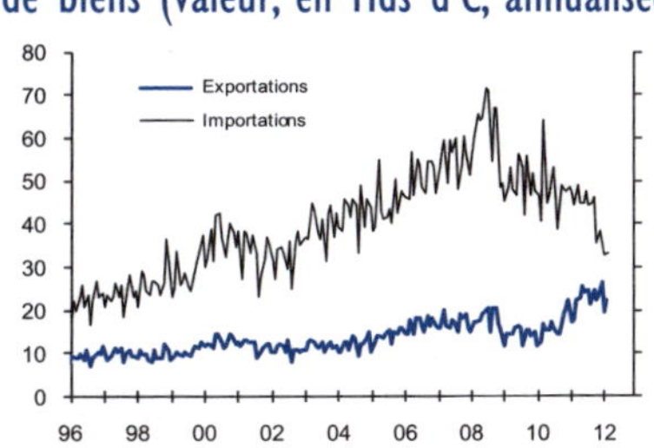


*Sources : Datastream, Natixis.*

La restructuration de la dette publique mise en place au début de 2012 améliore la solvabilité de l'État mais aussi la solvabilité extérieure de la Grèce compte tenu de la forte détention de la dette publique par les non-résidents (Tableau A).

### Tableau A
### Pourcentage de la dette publique détenue par les non-résidents (2011)

| | |
|---|---|
| Grèce | 79 |
| Allemagne | 65 |
| France | 67 |
| Espagne | 55 |
| Italie | 50 |
| Portugal | 86,5 |
| Irlande | 83 |
| Pays-Bas | 76 |
| Belgique | 55 |
| Autriche | 86 |
| Finlande | 92 |

Source : Natixis

La détention de dettes publiques par les banques de la zone euro est ainsi passée de 16 % du Produit Intérieur Brut de la zone euro au début de la crise à 12 % aujourd'hui.

Le tableau 3 montre l'évolution de la détention des dettes publiques par les banques françaises.

### Tableau 3
### Exposition des banques françaises à la dette italienne, espagnole, grecque et portugaise (en Mds d'€)

#### Italie

| | BNP Paribas* | Société Générale | Crédit Agricole | BPCE |
|---|---|---|---|---|
| juin-11 | 20,80 | 5,00 | 8,72 | 4,16 |
| sept-11 | 12,20 | 2,50 | 6,75 | 3,01 |
| déc.-11 | 12,66 | 2,30 | 0,19 | 2,75 |

### Espagne

| | BNP Paribas* | Société Générale | Crédit Agricole | BPCE |
|---|---|---|---|---|
| juin-11 | 2,70 | 2,30 | 1,79 | 1,03 |
| sept-11 | 0,50 | 1,80 | 1,52 | 0,41 |
| déc.-11 | 0,46 | 1,00 | 0,05 | 0,08 |

### Grèce

| | BNP Paribas* | Société Générale | Crédit Agricole | BPCE |
|---|---|---|---|---|
| juin-11 | 4,00 | 1,90 | 0,32 | 1,19 |
| sept-11 | 1,60 | 0,80 | 0,18 | 0,54 |
| déc.-11 | 1,04 | 0,40 | 0,00 | 0,63 |

### Portugal

| | BNP Paribas* | Société Générale | Crédit Agricole | BPCE |
|---|---|---|---|---|
| juin-11 | 1,40 | 0,60 | 0,80 | 0,26 |
| sept-11 | 1,40 | 0,50 | 0,70 | 0,33 |
| déc.-11 | 1,41 | 0,40 | 0,26 | 0,00 |

(*) portefeuille bancaire uniquement

Sources : Reuters, rapports financiers des banques, Natixis.

## *Erreurs de gestion de la crise : le déclenchement d'un cycle dépressif à court terme.*

L'absence de distinction claire entre les pays atteints par une crise de liquidité et les pays atteints par une crise de solvabilité est donc la première erreur de gestion de la crise. Elle a favorisé la contagion de la crise à l'ensemble des pays périphériques. La seconde erreur de gestion de la crise est la gestion des programmes de réduction des déficits publics qui a débouché sur l'enclenchement d'un cycle dépressif. L'objectif initial a été de réduire très rapidement les déficits publics (tableau 4) afin de converger vers une situation de déficits publics presque nuls, correspondant à la « Règle d'or » que l'Allemagne veut mettre en place dans la zone euro.

## Tableau 4
## Prévisions par les gouvernements des déficits publics (en % du PIB)

| | 2008 | 2009 | 2010 | 2011 | 2012 | 2013 | 2014 | 2015 | 2016 |
|---|---|---|---|---|---|---|---|---|---|
| Allemagne | 0,1 | −3,3 | −4,3 | −1,0 | −0,9 | −0,6 | −0,4 | −0,2 | −0,1 |
| France | −3,3 | −7,5 | −7,0 | −5,2 | −4,5 | −3,0 | −2,0 | −1,0 | 0,0 |
| Espagne | −4,2 | −11,2 | −9,3 | −8,5 | −5,3 | −3,0 | – | – | – |
| Italie | −2,7 | −5,2 | −5,0 | −3,9 | −1,7 | −0,5 | −0,1 | – | – |
| Portugal | −3,5 | −10,0 | −9,1 | −4,2 | −4,5 | −3,0 | −1,8 | −0,5 | – |
| Grèce | −7,7 | −15,4 | −10,6 | −8,5 | −6,5 | −4,9 | −2,6 | −1,1 | – |
| Irlande* | −7,3 | −11,7 | −11,8 | −10,1 | -8,6 | −7,5 | −5,0 | −2,9 | – |
| Pays-Bas | 0,6 | −5,4 | −5,1 | −4,2 | −2,9 | – | - | - | – |
| Autriche | −0,9 | −4,1 | −4,5 | −2,6 | −3,2 | – | – | – | – |
| Belgique | −1,3 | −5,9 | −4,1 | −3,6 | −2,8 | −1,8 | −0,8 | – | – |
| Luxembourg | 3,0 | −0,9 | −1,7 | −1,0 | −1,5 | −1,2 | −0,8 | – | |
| Finlande | 4,2 | −2,6 | −2,8 | −0,8 | −0,6 | −0,7 | −0,9 | −0,9 | |
| Slovénie | −1,7 | −6,0 | −5,5 | −5,5 | −3,9 | −2,9 | −2,0 | – | |
| Chypre | 0,9 | −6,0 | −7,1 | −4,0 | −2,6 | −2,0 | −1,6 | – | |
| Estonie | −2,8 | −1,7 | −2,5 | −0,4 | −2,1 | 0, 1 | 0,5 | 1,0 | |
| Malte | −4,8 | −3,8 | −4,3 | −2,8 | −2,1 | −1,6 | −1,0 | – | |
| Ensemble de la zone euro | −2,0 | −6,3 | −6,0 | −4,0 | −3,0 | −1,7 | −1,1 | −0,5 | |
| Royaume-Uni** | −6,8 | −11,4 | −9,5 | −8,3 | −5,9 | −6,0 | −4,4 | −2,9 | −1,2 |

(*) hors capitalisation des banques

(**) Année fiscale à partir de 2012

Sources : Sources Nationales, OMB, Natixis.

Cette simultanéité des programmes de réduction rapide des déficits publics dans tous les pays de la zone euro conduit à l'apparition d'un multiplicateur budgétaire très élevé c'est-à-dire d'un effet négatif très important de la réduction des déficits publics sur le PIB de la zone euro ; il est même possible que dans certains pays on soit passé dans la partie droite de la courbe de Laffer (voir l'encadré 7 pour le multiplicateur budgétaire et la courbe de Laffer), c'est-à-dire dans une situation où une politique budgétaire plus restrictive aggrave le déficit public en raison de l'importance de son effet négatif sur l'activité.

On observe effectivement aujourd'hui un effondrement de la croissance de la zone euro au point que plusieurs pays ne peuvent plus réduire leurs déficits publics, d'où l'apparition d'une réflexion sur des mesures visant à relancer la croissance de la zone euro : investissements supplémentaires de la Banque Européenne d'Investissement ou à partir des fonds structurels européens, ralentissement du rythme de réduction des déficits publics.

**Encadré 7**

**Multiplicateur budgétaire et courbe de Laffer**

Le multiplicateur budgétaire est le ratio :

$$\frac{\Delta \text{ Produit Intérieur Brut}}{\Delta \text{ Déficit public}}$$

Combien perd-on de PIB (en %) si on réduit le déficit public d'un point du PIB ?

Dans une économie fermée, le multiplicateur budgétaire est plus élevé : la baisse du déficit public n'est pas compensée par la baisse des importations. Ceci explique le résultat usuel : si un seul pays de la zone euro réduit son déficit public, le multiplicateur budgétaire est de l'ordre de 0,5 ; si tous les pays de la zone euro réduisent leur déficit public, il monte à 1,3.

La courbe de Laffer peut se représenter simplement comme suit :

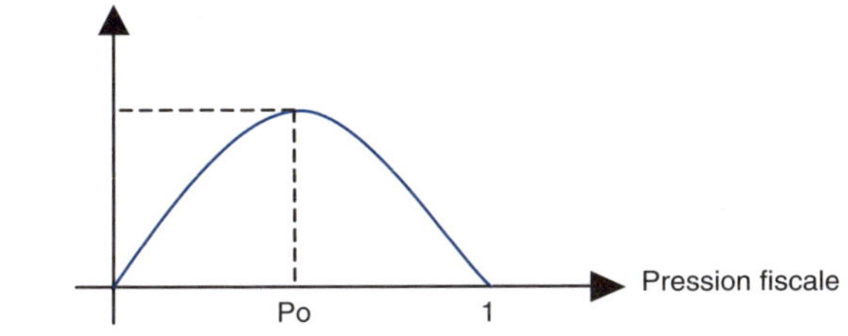

Il existe un niveau de pression fiscale maximale Po au-delà duquel une hausse de la pression fiscale réduit les recettes fiscales en raison de son effet négatif sur l'activité et l'emploi.
On évoque la courbe de Laffer au sujet des pays de la zone euro où l'activité recule comme la Grèce ou l'Espagne (graph. 1) et où malgré les politiques budgétaires restrictives, le déficit public ne se réduit pas (graph. 2 et 3).

1 – Croissance du PIB en volume (GA en %)

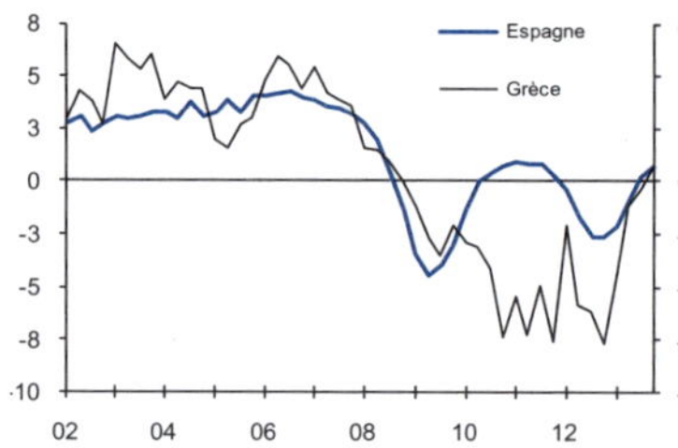


Sources : Datastream, prévisions Natixis.

2 – Espagne : déficit public cumulé (en Mds d'euros)

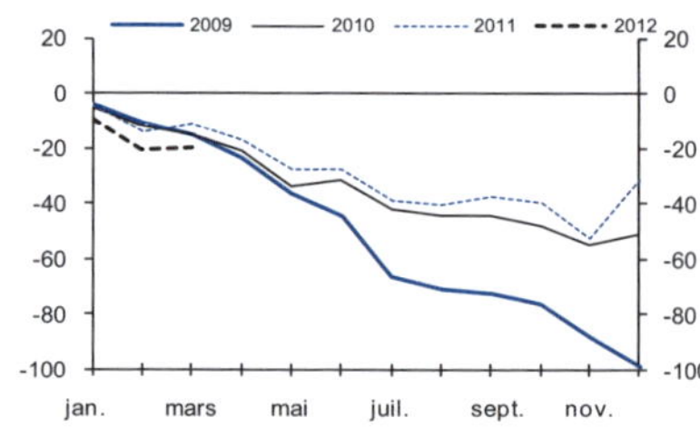


Sources : Datastream, Natixis.

3 – Grèce : déficit public cumulé (en Mds d'euros)

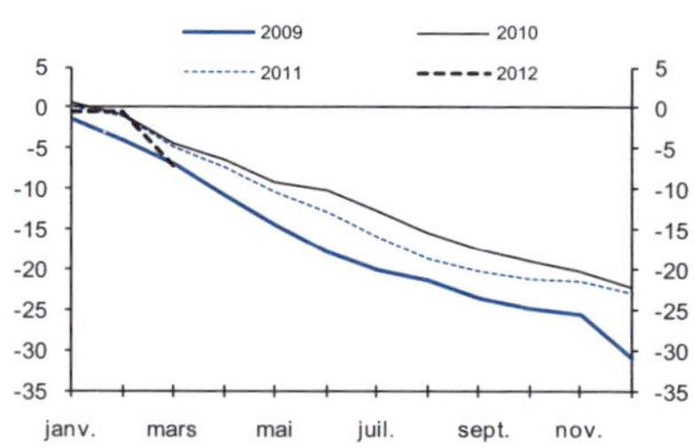


Sources : Datastream, Natixis.

L'effondrement de l'activité se comprend : la politique budgétaire restrictive entraîne une hausse du chômage (graphique 4) qui conduit à une baisse des salaires réels (graphique 5), d'où la baisse de la demande des ménages et en réponse celle de l'investissement des entreprises, donc, au total, de toute la demande intérieure (graphique 6).

**4 – Taux de chômage**

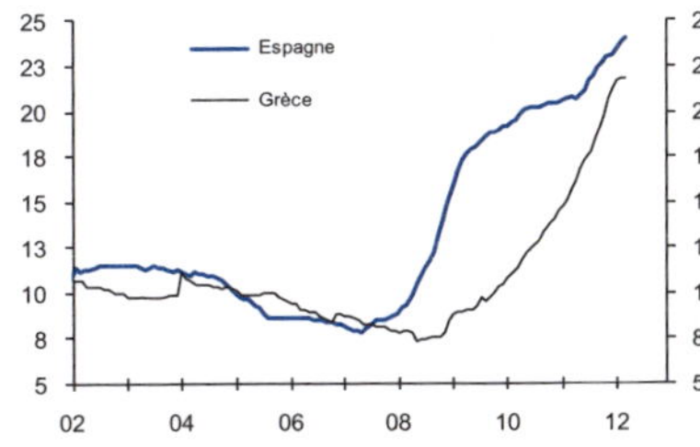


Sources : Datastream, Eurostat, Natixis.

**5 – Salaire réel par tête (déflaté par le prix conso, GA en %)**

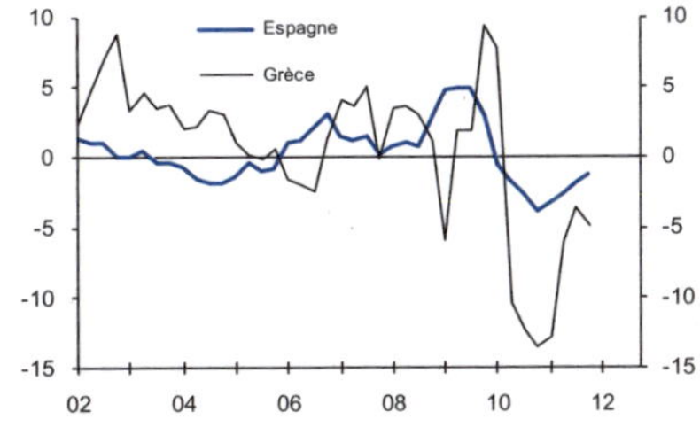


Sources : Datastream, IXIS CIB.

**6 – Demande intérieure (volume, GA en %)**

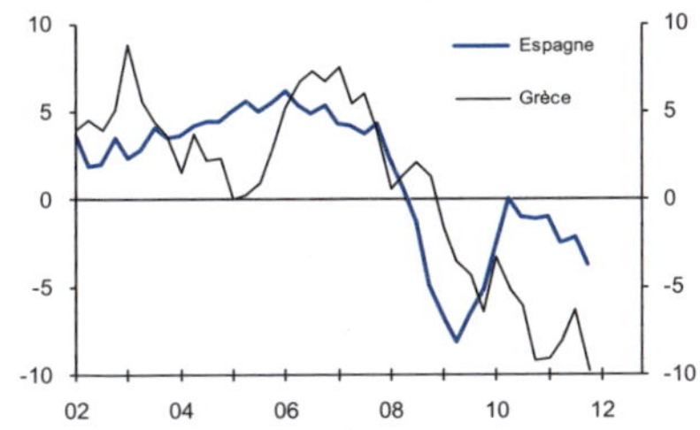


Sources : Datastream, sources nationales, Natixis.

Mais il reste, en qui concerne l'ajustement économique des pays, des positions assez radicalement opposées. Une position qu'on peut appeler pour simplifier la « position allemande » consiste à demander d'abord la mise en place de politiques de convergence (réduction forte des déficits publics, des déficits extérieurs, des écarts de compétitivité-coût), avant d'entamer le processus d'unification fiscale et politique. L'unification vient alors quand la zone euro est devenue beaucoup plus homogène.

Au contraire la « position française » consiste à demander la mise en place rapide de mécanismes de solidarité (achats de dette, investissements européens...) sans transfert de souveraineté économique (budgétaire), ceci ne venant que plus tard.

Les deux positions sont critiquables : la position allemande par le risque de récession cumulative dans les pays en difficulté qu'elle fait apparaître ; la position française par l'impossibilité d'obtenir des pays du Nord de la zone euro une solidarité sans transfert de souveraineté. Toutes les avancées vers le fédéralisme (mise en commun de certains impôts, de certaines parties des systèmes de protection sociale; de certains financements) nécessitent règles (éviter des déficits publics inutiles) ou harmonisation (des taux d'imposition, de la générosité des systèmes de protection sociale) pour qu'elles ne génèrent pas un subventionnement chronique et anormal de certains pays par les autres.

### *La récession vient aussi de la nécessité de rééquilibrer l'offre et la demande*

Dans ce qui précède, la récession qui apparaît dans la zone euro au second semestre 2011 et en 2012 est présentée comme liée à la simultanéité des programmes de réduction rapide des déficits publics. Mais on peut en faire une autre présentation liée à la présence de la crise de balance des paiements.

Lorsque les pays sont touchés par la crise de balance des paiements, ils ne peuvent plus financer leurs déficits extérieurs. Certes à court terme, les prêteurs publics (EFSF-ESM, FMI, BCE) peuvent être substitués aux prêteurs privés mais tant que la crise demeure, et puisque l'action des prêteurs publics ne peut pas être permanente, les pays doivent faire disparaître leur besoin de financement extérieur. Or la crise peut durer : lorsqu'un pays a atteint un niveau de dette extérieure très élevé, il ne peut plus s'endetter pour une très longue période de temps.

On doit donc s'attendre à ce que les pays en difficulté doivent faire disparaître le déficit de leur balance courante, c'est-à-dire doivent rééquilibrer l'offre et la demande de biens et services exportables, c'est-à-dire en particulier de produits industriels (encadré 8).

À long terme ceci peut se faire par des politiques de l'offre qui stimulent la capacité de production, mais à court terme, ceci ne peut se faire que par la baisse de la demande intérieure de produits industriels, c'est-à-dire par une perte de pouvoir d'achat.

## Encadré 8

### Demande intérieure, capacité de production et crise de balance des paiements

On sait qu'on a l'équilibre :

Production = Demande intérieure + soldes des échanges extérieurs

Ceci vaut pour l'ensemble des biens et bien sûr pour l'ensemble des biens et services échangeables (produits industriels, tourisme, etc.)

Si un pays est touché par une crise de balance des paiements, il ne peut plus s'endetter auprès du reste du monde. Il doit donc faire disparaître son déficit extérieur.

Si un pays à une capacité de production insuffisante, c'est-à-dire une capacité de production inférieure à la demande intérieure, et en attendant que sa capacité de production soit accrue à long terme, il ne peut que réduire sa demande intérieure.

Regardons le cas de la France. La France a un déficit extérieur croissant (graphique 1), une capacité de production dans l'industrie qui a beaucoup moins cru que la demande intérieure des produits industriels (graphique 2). Si la crise de balance des paiements atteint la France, le besoin de réduction de la demande intérieure sera considérable.

1 – France : balance commerciale (en Mds de dollars, annualisée)

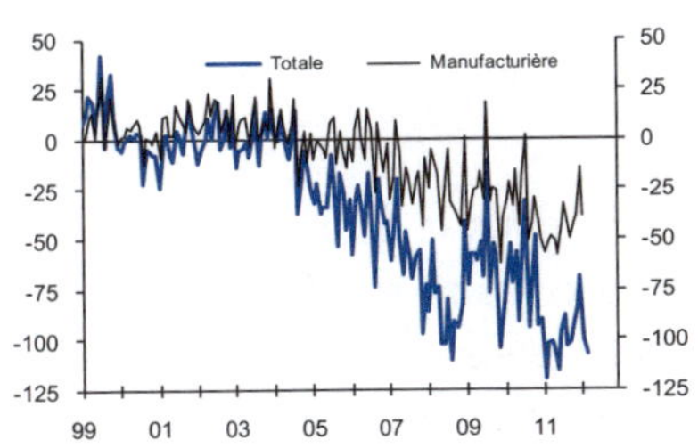


Sources : Datastream, Natixis.

2 – France : valeur ajoutée, capacité de production et demande intérieure dans le secteur manufacturier

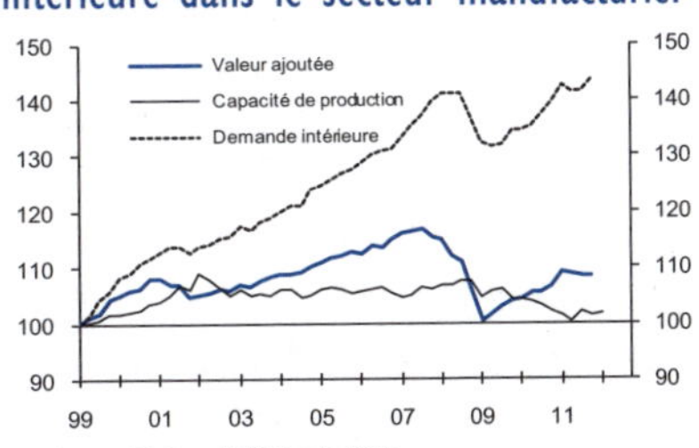


Sources : Datastream, INSEE, Eurostat, Natixis.

*(volume, 100 en 1999 : 1)*

La récession européenne (on attend une croissance en 2012 de –3 % au Portugal, –2 % en Espagne et en Italie, –5 % en Grèce) s'explique donc fondamentalement par la nécessité de ramener la demande intérieure au niveau de la capacité de production, ce qui exige des politiques budgétaires restrictives, une baisse des salaires réels et une hausse des taux d'intérêt. Cette nécessité de récession inévitable explique les craintes d'éclatement de la zone euro.

### Encadré 9

### La crise appauvrit le Sud

Jusqu'en 2005, les revenus du Sud de la zone euro progressent à un rythme plus rapide que ceux du Nord, réduisant ainsi les écarts. Cependant, dès 2005, les revenus du Nord de la zone euro progressent plus rapidement, et l'écart se creuse à nouveau. D'autant plus qu'à partir de 2008, les revenus du Sud de la zone baissent.

I – PIB par tête en euros

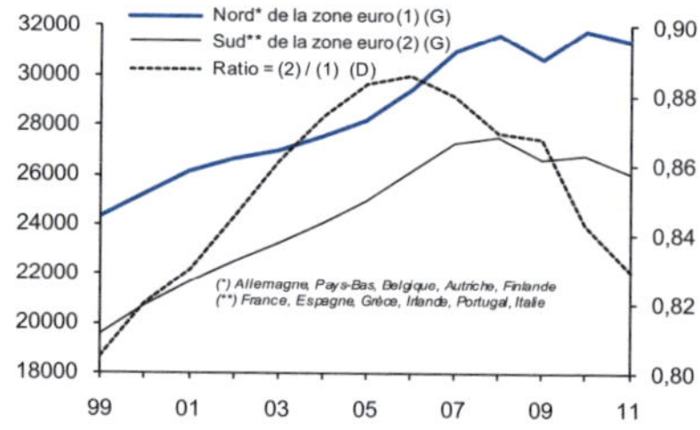


*Sources : Datastream, DRI, Natixis.*

Le Produit Intérieur Brut croît plus vite dans le Sud de la zone euro que dans le Nord de la création de l'euro jusqu'en 2005. Puis, le taux de croissance du Nord de la zone euro devient nettement supérieur à celui des pays du Sud, à l'exception de la période de crise après la faillite de Lehman, de l'automne 2008 à 2009.

On se rappelle que la faillite de la Banque d'investissement Lehman Brothers aux États-Unis a déclenché une crise financière généralisée ; en particulier, les banques ont arrêté de se prêter entre elles, ce qui a stoppé la distribution de crédit.

2 – Croissance du PIB en volume (GA en %)

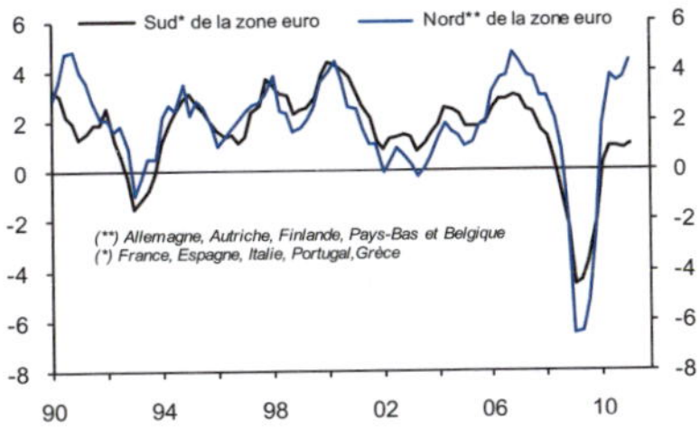


*Sources : Datastream, Natixis.*

## *La zone euro peut-elle éclater ?*

Ce qui précède montre que de fortes tensions peuvent s'exercer sur les pays de la zone euro qui pourraient conduire à l'éclatement de l'euro.

Certains pays ne peuvent plus financer leurs déficits extérieurs ou renouveler leurs dettes extérieures : dans ce genre de crise de balance des paiements en général les pays dévaluent fortement pour rééquilibrer leur commerce extérieur (encadré 10). Ce n'est pas possible dans la zone euro et les pays sont condamnés comme on vient de le voir, à déprimer leur demande intérieure pour faire disparaître leur déficit extérieur. Ceci conduit à la hausse insupportable du chômage (voir encadré 7 plus haut) qui peut pousser les gouvernements à chercher une autre solution de rééquilibrage en dehors de l'euro.

### Encadré 10

### Crise de balance des paiements : la solution normale et la solution dans la zone euro

Les deux schémas ci-dessous synthétisent la solution normale et la solution dans la zone euro lorsqu'un pays est atteint par une crise de balance de paiements, c'est-à-dire ne peut plus financer son déficit extérieur et ne peut plus renouveler sa dette extérieure.

**Solution normale**

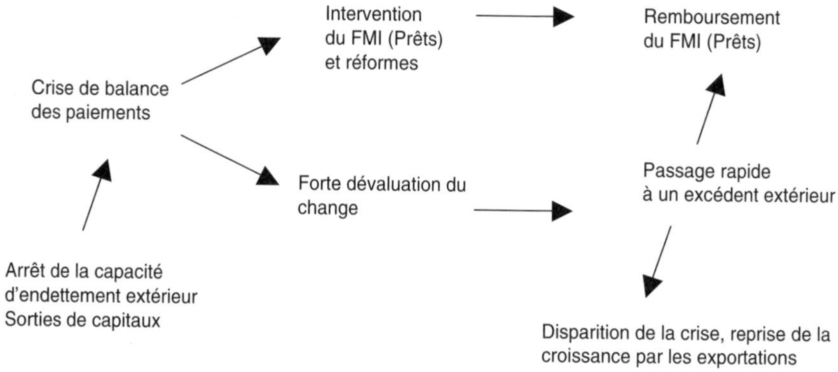


**Solution dans la zone euro**

Mais il faut comprendre que le coût d'éclatement de l'euro serait gigantesque. Il ne s'agit pas seulement de coûts mécaniques, (création d'une nouvelle monnaie, changement des systèmes informatiques) mais de coûts économiques de deux types et qui touchent les pays prêteurs et les pays emprunteurs.

La dépréciation des devises des pays qui sortent de l'euro dégraderait la compétitivité des autres pays, dont le commerce extérieur se détériorerait. Ceci est un effet traditionnel des dévaluations, déjà souvent observé.

Mais il s'y ajoute un effet qui est nouveau : l'effet patrimonial dû à l'importance des actifs et des dettes extérieurs des pays (encadré 11). Un pays prêteur de la zone euro (Allemagne) a accumulé des actifs dans les autres pays déficitaires (pays du Sud de la zone euro, France). Ces actifs sont en euros mais passeraient en cas d'éclatement de l'euro dans la monnaie de ces pays, d'où une perte en capital énorme pour les prêteurs (Allemagne) due à la perte de change sur les actifs extérieurs.

Ce coût patrimonial de l'éclatement de l'euro est si important qu'il conduit normalement à rejeter cet éclatement comme une solution à la crise; d'où l'importance qu'il y a à réfléchir à des solutions institutionnelles permettant de stabiliser la zone euro et d'éviter les coûts monstrueux de l'éclatement.

**Encadré 11**

**L'effet des actifs et des dettes extérieurs**

La littérature économique contemporaine a mis en évidence le rôle important joué par les actifs et les dettes extérieurs. Depuis la création de l'euro, la libre circulation des capitaux entre les pays de la zone euro due à la disparition du risque de change a fait apparaître de forts actifs extérieurs dans les pays du Nord de la zone euro ayant des excédents extérieurs, de fortes dettes extérieures dans les pays du Sud de la zone euro ayant des déficits extérieurs (graph. 1).

## 1 – Actifs ou dettes nets extérieurs* (en Mds €)

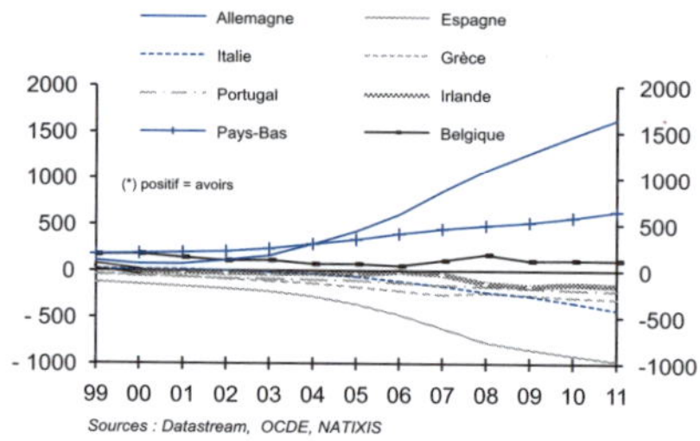


Cette situation change complètement des effets d'une rupture de l'euro, avec appréciation des devises des pays du Nord, dépréciation des devises des pays du Sud. L'effet le plus important de cette rupture serait la moins value en capital que réaliseraient les pays ayant des actifs extérieurs, puisque ces actifs seraient libellés dans les monnaies des pays du Sud qui se déprécieraient par rapport aux monnaies du Nord. Il s'agit d'ailleurs d'une moins-value en capital portant sur les actifs bruts de ces pays (graph. 2), c'est-à-dire sur les actifs du Sud détenus dans le Nord ; les actifs nets sont l'écart entre les actifs du Sud détenus dans le Nord et les actifs du Nord détenus dans le Sud.

## 2 – Allemagne : actifs extérieurs (en Mds €)

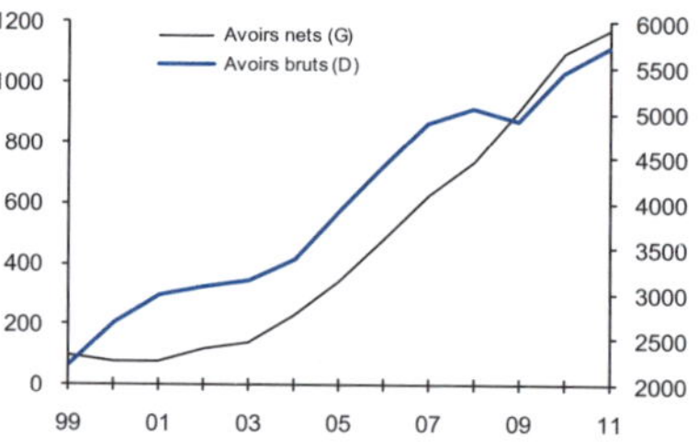

# Chapitre 3

# Crise de la zone euro : quelles solutions institutionnelles pour sauver l'euro ?

Les causes profondes et les mécanismes de la crise de la zone euro sont maintenant bien connus. Les autorités et les gouvernements n'ont pas réussi à trier entre la partie de l'hétérogénéité croissante des pays qui était normale, due à la spécialisation productive efficace des pays, et celle qui était anormale, due à de mauvaises politiques économiques ou à des asymétries qu'il faudrait faire disparaître entre les pays (sur le marché du travail, sur le marché du crédit bancaire). Les institutions ont été alors bâties sur le principe de l'homogénéité de la zone euro et ne sont donc pas conçues pour résister à la « bonne » hétérogénéité, qui va pourtant encore s'accroître. Il faut donc séparer les bonnes des mauvaises pistes en ce qui concerne les réformes institutionnelles. Nous examinerons deux fausses pistes (la monétisation et l'ajustement par les salaires) et une bonne piste (le fédéralisme).

Les politiques économiques et les modèles de croissance dans les pays n'ont pas été analysés suffisamment finement, ce qui a laissé apparaître sans réaction des déséquilibres et des distorsions des structures économiques qui ont fragilisé les pays (accumulation excessive de dette extérieure par exemple) et qui ont accru la « mauvaise » hétérogénéité, celle due aux mauvaises politiques et aux mauvaises stratégies de croissance. La supervision « macro-prudentielle » a évidemment été déficiente.

Enfin, les concepteurs de la zone euro n'avaient pas anticipé que dans une union monétaire avec des pays hétérogènes et sans fédéralisme, les crises financières habituelles (crise de balance des paiements, soit de solvabilité, soit seulement de liquidité) pouvaient se produire ; ils n'avaient donc pas conçu les institutions nécessaires pour faire face à ces crises (Prêteur en Dernier Ressort pour les États, voir l'analyse qui suit).

La situation est aujourd'hui grave parce que, si des remèdes à court terme ont été trouvés pour éviter l'éclatement de l'euro, avec en particulier un rôle nouveau et imprévu pour la BCE, si la supervision macro-prudentielle s'améliore un peu, d'une part les institutions de long terme qui sont prévues sont toujours incompatibles avec la structure économique de la zone euro ; d'autre part, les réactions normales des agents économiques à court terme (réduction brutale des déficits publics, réduction des investissements des entreprises, « renationalisation » de l'épargne des ménages) conduisent à une perte de croissance potentielle à long terme qui rendra la situation encore plus difficile. Il est donc urgent de proposer aux Européens des institutions adaptées au vrai fonctionnement des économies de la zone euro et qui leur rendent la confiance.

Analysons, en allant du court terme vers le long terme, la réaction rapide aux crises, puis la supervision macro-prudentielle, enfin la conception des institutions à moyen terme.

## *Capacité de réaction rapide aux crises en particulier de la balance des paiements*

Une des surprises pour les observateurs de la crise de la zone euro a été l'apparition de crises qu'on croyait réservées aux pays émergents : des crises de balance des paiements (encadré 1). Il s'agit d'une situation où un pays a un déficit extérieur et un besoin d'endettement extérieur, y compris pour assurer le service (intérêts + remboursement) de sa dette extérieure, et où les prêteurs étrangers refusent de lui prêter davantage voire retirent leurs capitaux du pays.

**Encadré 1**

**Crise de balance des paiements**

Une crise de balance des paiements est une situation où un pays qui doit s'endetter auprès de prêteurs non résidents est confronté à une situation où ces prêteurs refusent de lui prêter davantage et même retirent les capitaux qu'ils ont dans le pays.

Ce type de crise s'est produit à de multiples reprises dans le passé dans les pays émergents : Mexique en 1994-1995 ; Corée et Thaïlande en 1997 ; Russie et Brésil en 1998 ; Argentine et Turquie en 2000-2001 ; Hongrie en 2009, etc.

Le graphique 1 montre les exemples de la Corée et de la Thaïlande en 1997 : avant la crise, les deux pays ont un déficit extérieur, donc un besoin d'endettement extérieur.

1 – Balance commerciale (en % du PIB)

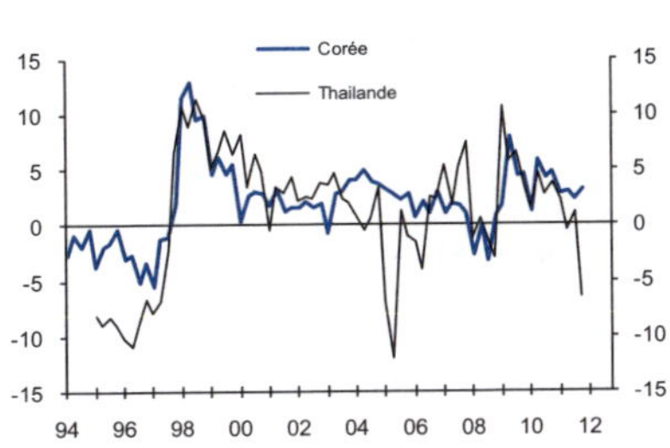


Sources : Datastream, Natixis.

Lorsque la crise survient, de brutales sorties de capitaux se produisent (graph. 2) et le pays ne trouve plus de prêteur malgré la forte hausse de ses taux d'intérêt (graph. 3). Il est alors condamné :
– à demander l'aide du FMI (voir encadré 3), c'est-à-dire à substituer un prêteur public aux prêteurs privés défaillants ;
– à dévaluer fortement sa monnaie (graph. 4) pour faire disparaître très rapidement son déficit extérieur en gagnant fortement de la compétitivité, ce qui a été le cas comme le prouvent les excédents commerciaux enregistrés dès 1998.

**2 – Dettes nettes extérieures (en % PIB)**

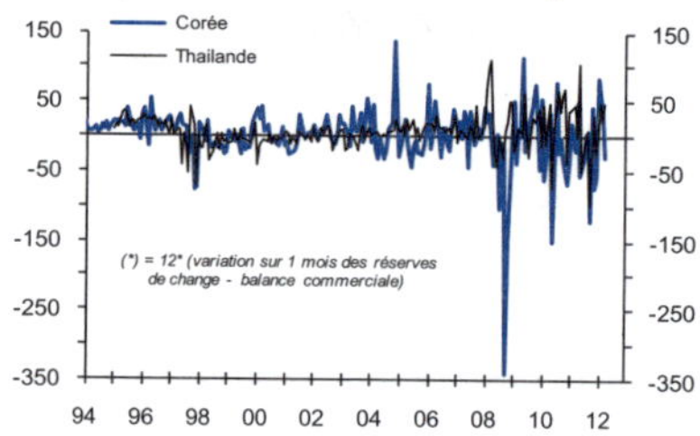


Sources : Datastream, Natixis.

**3 – Taux d'intérêt à 3 mois**

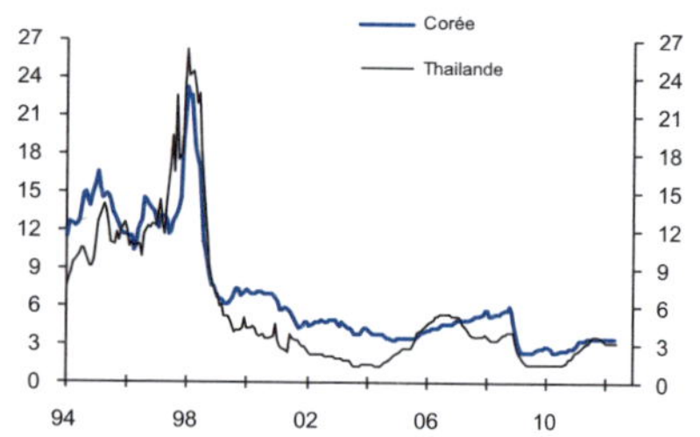


Sources : Datastream, Natixis.

**4 – (axes différents) – Taux de change contre dollar**

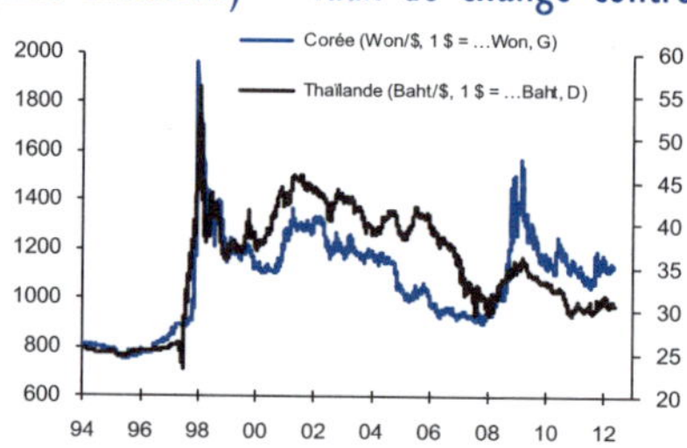


Sources : Datastream, Natixis.

C'est exactement ce genre de situation qui est apparu en Espagne, en Italie, en Grèce, au Portugal, en Irlande : ces pays ont développé des déficits extérieurs et une dette extérieure très importante (voir encadré 2), et à partir de 2008, ils ne trouvent plus de prêteurs étrangers.

## Encadré 2

### Les causes des crises de balance des paiements dans la zone euro

La spécialisation productive de plusieurs pays de la zone euro les a mis dans une situation économique telle qu'ils puissent être confrontés à une crise de balance des paiements. Les déficits extérieurs chroniques (graph. 1) ont abouti à une accumulation excessive de dette extérieure (graph. 2).

**1 — Balance courante (en % du PIB, valeur)**

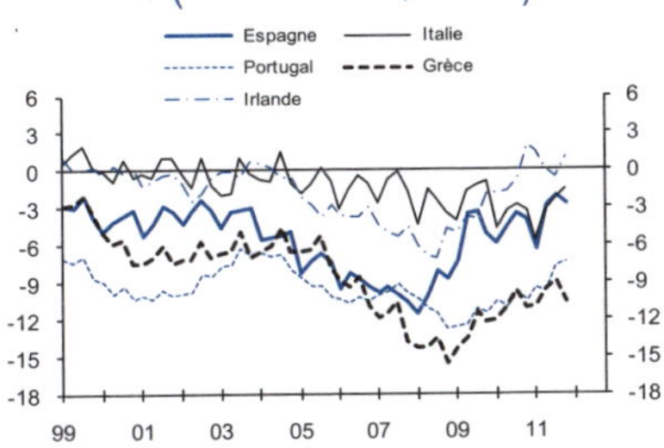

Sources : Datastream, Natixis.

**2 — Dettes nettes extérieures (en % du PIB)**

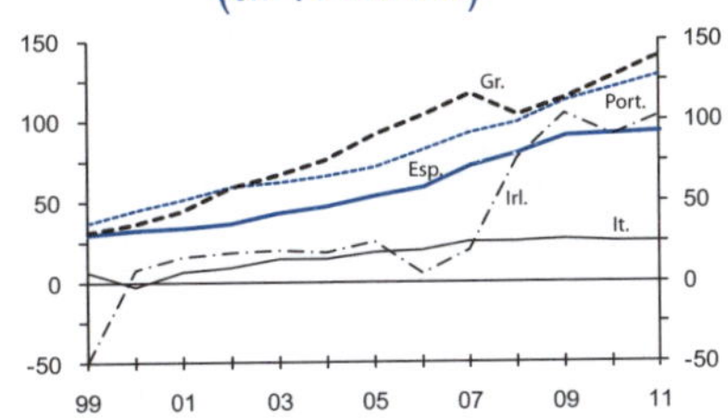

Sources : Datastream, OCDE, Natixis.

Cette accumulation de dette extérieure a été rendue possible par la disparition du risque de change entre les pays de la zone euro : ceci a facilité le transfert de l'épargne des pays excédentaires du Nord de la zone euro vers les pays déficitaires du Sud.

De la création de l'euro à 2006, en conséquence, les pays du Sud s'endettent presque au même taux d'intérêt que l'Allemagne (graph. 3), puis la crise de balance des paiements survient, et avec la disparition des prêteurs étrangers les taux d'intérêt remontent violemment.

**3 — Taux d'intérêt à 10 ans sur les emprunts d'État**

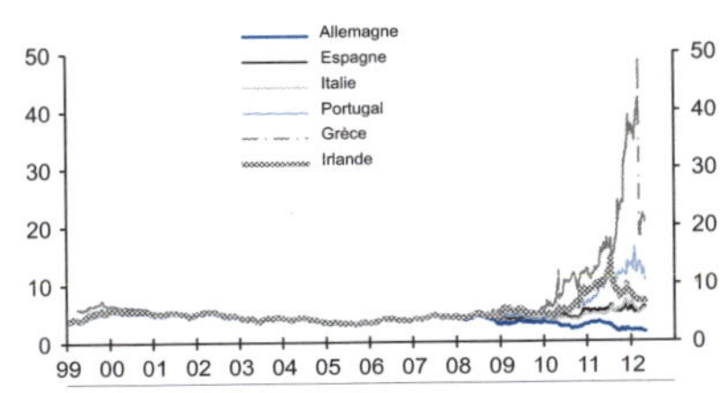

Sources : Datastream, NATIXIS

Il faut comprendre la très grande différence qui existe entre un déficit budgétaire sans déficit extérieur et un déficit budgétaire accompagné d'un déficit extérieur. Dans le second cas (on parle aussi de « déficit jumeaux »), le pays doit trouver des prêteurs étrangers pour financer son déficit public, ce qui est beaucoup plus compliqué que s'il s'agit seulement de canaliser l'épargne du pays vers le financement du déficit public.

Les pays sont alors menacés de défaut (ils ne peuvent pas rembourser leurs dettes), de crise économique violente (ils ne peuvent plus financer leurs importations) et de devoir sortir de l'euro (pour faire disparaître rapidement leur déficit extérieur comme les pays émergents, voir encadré 1).

Dans l'urgence, on le sait, les autorités européennes ont trouvé les moyens d'éviter ces évolutions (sauf dans le cas de la Grèce qui a fait défaut sur plus de la moitié de sa dette publique) en prenant des mesures d'urgence : création du fond européen EFSF-ESM qui s'endette sur les marchés obligataires mondiaux pour prêter aux pays en difficulté (aujourd'hui, Portugal et Grèce, tableau 1); prêts de la BCE aux banques des pays en difficulté.

**Tableau 1**
**Encours de prêts de l'EFSF (au 17 juillet 2012 en Mds d'€)**

| | Paiements effectués | Paiements en attente | Total |
|---|---|---|---|
| Portugal | 17,4 | 8,6 | 26 |
| Grèce | 108,9 | 70,7 | 179,6 |
| Total | 126,3 | 79,3 | 205,6 |

Source : EFSF

La BCE a en particulier mis en place en décembre 2011 puis en février 2012 des repos à 3 ans pour les banques de la zone euro, qui sont des prêts aux banques en échange d'un collatéral (d'un actif déposé comme garantie hypothécaire) dont il faut comprendre la vraie nature : il s'agit tout d'abord de financer le déficit extérieur du pays par des flux de capitaux venant de la BCE et rentrant dans les pays puisqu'ils sont prêtés aux banques du pays.

Mais nous doutons que ces mesures d'urgence répondent au vrai besoin qui est de disposer d'un Prêteur en Dernier Ressort pour les États dans la zone euro (nous revenons ci-dessous sur ce concept). Une crise de balance des paiements peut avoir deux visages ; il peut s'agir, on le sait d'une crise de solvabilité : le pays est incapable de rembourser ses dettes, et la seule solution est, comme on l'a fait pour la Grèce, de réduire ces dettes ; mais le plus souvent il s'agit d'une crise de liquidité ; le pays est intrinsèquement solvable mais il ne trouve plus de prêteurs.

Pour éviter un désastre économique et financier, il faut alors être capable de prêter très rapidement des montants très importants. Dans les crises de balance des paiements des pays émergents, ceci est fait par le FMI (encadré 3) qui peut prêter des sommes très importantes très vite puisqu'il est financé par les Banques Centrales donc in fine par la création monétaire.

Le montage fait en Europe (l'EFSF-ESM, encadré 4) n'est pas un vrai Prêteur en Dernier Ressort pour les États, même si l'EFSF est garanti par les États et si l'ESM disposera de capitaux propres (à terme 80 milliards d'euros), il s'agit d'un fonds qui doit émettre sur les marchés obligataires avant de pouvoir prêter aux États.

En cas de crise grave de la zone euro, il nous paraît douteux qu'un fond de la zone euro puisse émettre des montants élevés sur les marchés obligataires. Le seul vrai Prêteur en

Dernier Ressort (vis-à-vis des banques, mais aussi des États) en cas de crise de liquidité est soit la Banque Centrale, soit un fonds (comme le FMI) ayant accès à la création monétaire des Banques Centrales (l'EFSF-ESM pourrait être autorisé à se financer auprès de la BCE dans ce type de schéma).

Mais on connaît l'hostilité de la Banque Centrale Européenne vis-à-vis de ce rôle de Prêteur en Dernier Ressort à l'égard des États (voir l'analyse ci-dessous) puisque la BCE considère que les dettes publiques ne doivent pas être monétisées, donc qu'elle ne peut pas mettre des quantités importantes de dettes publiques des pays de la zone euro sur son bilan.

**Encadré 3**

**Prêts approuvés par le FMI**

| | Date | Montant (Mds USD) |
|---|---|---|
| Brésil | 1998, 2001, 2002 | 52,5 |
| Argentine | 1996, 1998, 2000, 2003 | 30,9 |
| Russie | 01-juil-97 | 22,6 |
| Corée | 01-déc-97 | 57 |
| Thaïlande | Juillet-août 1997 | 17,2 |
| Turquie | 9 décembre 1999 | 4 |
| Hongrie | 06-nov-08 | 15,7 |

Source : FMI.

Il est utile à ce stade d'approfondir un certain nombre de concepts.

On parle normalement du rôle de Prêteur en Dernier Ressort des Banques Centrales lorsqu'elles fournissent des liquidités aux banques commerciales afin d'éviter que ces dernières ne soient en cessation de paiements par insuffisance de liquidités disponibles.

Par extension, on a pris l'habitude de parler du rôle de Préteur en Dernier Ressort des Banques Centrales vis-à-vis des États, et non des banques, lorsque les États sont confrontés à une crise de liquidité et que les Banques Centrales achètent des titres publics pour leur fournir les liquidités nécessaires et leur permettre de faire face à leurs engagements. On pourrait aussi appeler ce rôle des Banques Centrales celui d'Acheteur de Titres Publics en Dernier Ressort, lorsque les investisseurs privés ne veulent plus les acheter.

Aux États-Unis, au Royaume-Uni et au Japon, les Banques Centrales peuvent acheter directement les titres publics à l'émission. Dans la zone euro, ce n'est pas possible, car interdit par les traités (interdiction de « monétisation de la dette publique »). Mais ceci n'est pas un véritable obstacle dans la mesure où la BCE peut acheter des dettes publiques sur le marché secondaire après qu'elles ont été émises. Le rôle de l'EFSF-ESM est très différent puisque, pour acheter des dettes publiques, il émet lui-même des titres sur les marchés financiers ; il n'y a donc pas création monétaire mais cela commence à être envisagé par certains pays de la zone euro et la BCE elle-même.

Cependant, il a été proposé que l'ESM ait accès aux repos de la BCE, ce qui est fortement rejeté par l'Allemagne.

L'ESM pourrait en effet alors émettre une petite quantité de ses propres titres, acheter de la dette publique européenne, et s'en servir comme collatéral (garantie hypothécaire) pour obtenir des liquidités auprès de la BCE, puis utiliser ces liquidités pour acheter d'autres dettes publiques etc. ; il y aurait bien alors l'équivalent économique d'achat de dettes publiques par la BCE contre création monétaire.

## Encadré 4

## Situation du mécanisme EFSF-ESM en avril 2012

L'EFSF (*European Financial Stability Facility*) en français FESF (Fonds Européen de Stabilité Financière) sera prochainement complété par l'ESM (*European Stability Mechanism*), en français MES (Mécanisme Européen de Stabilité).

Lors de la réunion du 11 mars dernier, les chefs d'État des pays membres de la zone euro ont décidé de l'entrée en vigueur de l'ESM le 1er juillet de cette année qui remplacera alors l'EFSF. Il aura pour mission d'émettre dans le marché pour fournir des prêts aux pays en difficulté, pourra intervenir sur les marchés obligataires en primaire comme en secondaire, agir de façon préventive, recapitaliser les banques par des prêts aux pays y compris ceux n'étant pas sous programme d'aide. Le tout sous forte conditionnalité.

Le capital total de l'ESM atteindra progressivement 700 Mds €. Les pays de la zone euro participeront à hauteur de 80 Mds € sous forme de liquidités, payées en deux tranches au cours de cette année (juillet et octobre), suivies par deux autres en 2013 et une dernière tranche en 2014. Les 620 Mds € restants seront constitués de capital appelable auprès des États en cas de besoin.

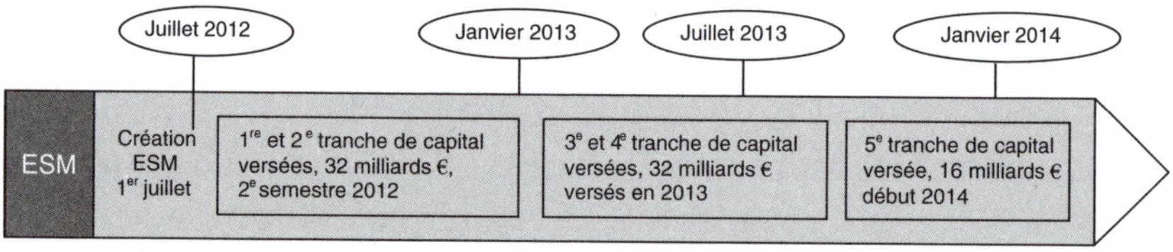


**Contribution de l'EFSF aux plans d'aide (Mds €)**

| | 2011 | 2012 | 2013 | 2014 | Total 2011-2014 |
|---|---|---|---|---|---|
| Grèce | – | 112,6 | 17,2 | 14,9 | 144,7 |
| Irlande | 7,5 | 8,1 | 2,1 | – | 17,7 |
| Portugal | 6,9 | 13,9 | 3,6 | 1,7 | 26,0 |
| Total | 14,4 | 134,6 | 22,8 | 16,6 | 188,4 |

**Tableau – Répartition du capital de l'ESM**

| Pays | % |
|---|---|
| Autriche | 2,783 |
| Belgique | 3,477 |
| Chypre | 0,196 |
| Estonie | 1,797 |
| France | 20,386 |
| Allemagne | 27,146 |
| Grèce | 2,817 |
| Irlande | 1,592 |
| Italie | 17,914 |
| Luxembourg | 0,25 |
| Malte | 0,073 |
| Pays-Bas | 5,717 |
| Portugal | 2,509 |
| Slovaquie | 0,824 |
| Slovénie | 0,428 |
| Espagne | 11,904 |
| Total | 100 |

Suite à la réunion de l'Eurogroup du 30 mars, il a été décidé que l'EFSF continuerait d'exister jusqu'en 2013 aux côtés de l'ESM, portant la capacité totale des 2 mécanismes à près de 700 Mds (500 Mds de l'ESM+ les prêts déjà accordés par l'EFSF). L'EFSF continuera à prendre en charge les plans d'aide décidés (avec l'intégration du second plan d'aide à la Grèce, les engagements de la facilité sont passés de 43,7 Mds € à près de 190 Mds €).

La question d'une réaction efficace aux crises de liquidité dans la zone euro, qui se reproduiront, reste donc entière, nous semble-t-il, en l'absence d'un Prêteur en Dernier Ressort pour les États, tel qu'il a été défini plus haut.

## *Supervision macro-prudentielle*

On a vu plus haut (encadré 2) les causes de l'apparition d'une crise de balance des paiements dans la zone euro : déficits extérieurs qui étaient faciles à financer avec la disparition du risque de change et des primes de risque associées, d'où dettes extérieures excessives. On sait aussi que certains pays ont basculé sur des stratégies de croissance insoutenables et déstabilisantes, créant ce que nous avons appelé la « mauvaise hétérogénéité ».

On peut donc être très surpris de l'absence de supervision et d'analyse sérieuse des politiques et des stratégies économiques des pays de la zone euro depuis la création de l'euro. Au contraire, on donnait en exemple le modèle espagnol (encadré 5), en raison de la forte croissance, de la baisse du chômage, des excédents budgétaires, sans voir que ce modèle était désastreux : excès d'endettement, bulle immobilière, déformation de l'économie au profit du secteur de la construction, amaigrissement de l'industrie, déficit extérieur structurel...

### Encadré 5

### L'Espagne depuis la création de l'euro

L'Espagne avait été présentée jusqu'à la crise de 2008 comme un « bon élève » de la zone euro avec :

– la baisse du chômage et la forte croissance (graph. 1) ;
– les excédents budgétaires (graph. 2).

1 – Espagne : taux de chômage et croissance du PIB

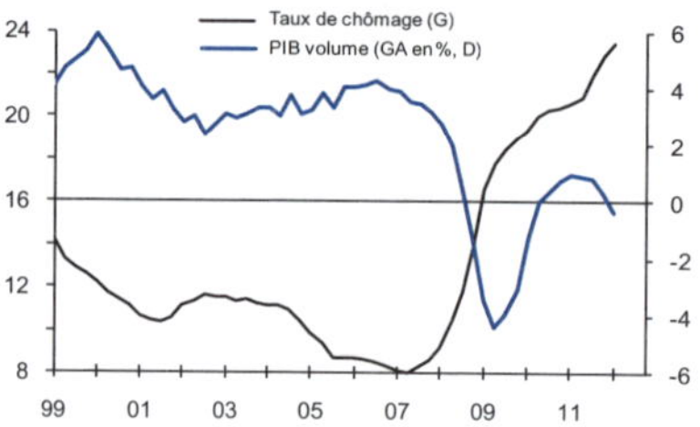


*Sources : Datastream, Natixis.*

2 – Espagne : déficit et dette publics (en % du PIB)

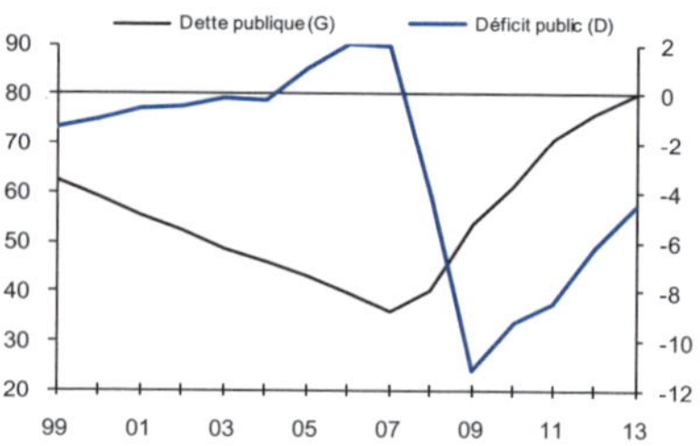


*Sources : Datastream, prévisions Natixis.*

Pourtant une analyse économique sérieuse de l'Espagne aurait révélé :

– que la croissance était due à la bulle immobilière, avec une activité de construction hypertrophiée, la hausse énorme des prix de l'immobilier et du crédit (graph. 3a et 3b) ;

3a – Espagne : permis de construire et prix immobilier

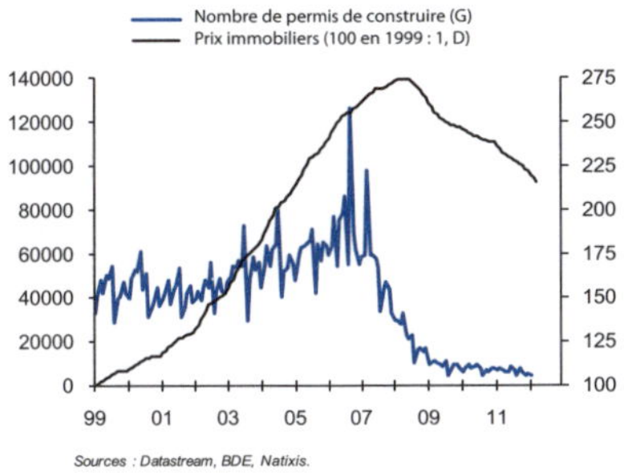


3b – Espagne : dette des ménages et des entreprises

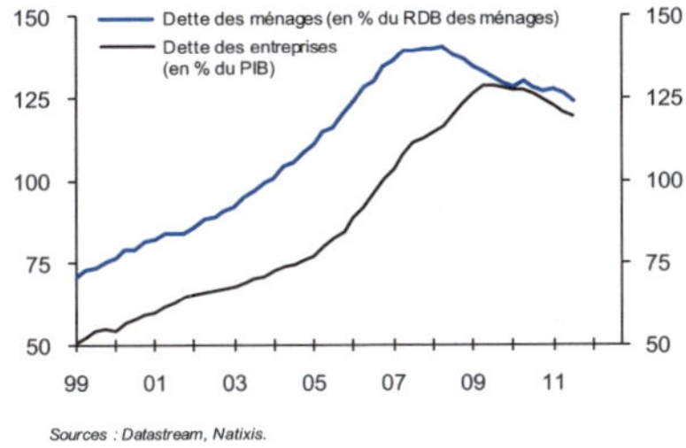


– que l'économie se déformait anormalement vers le secteur de la construction et au détriment de l'industrie (graph. 4), d'où l'apparition de déficits extérieurs structurels (graph. 5) ;

4 – Espagne : emploi dans les secteurs manufacturier et construction (en % de l'emploi total)

5 – Espagne : balance commerciale et balance courante (en % du PIB)

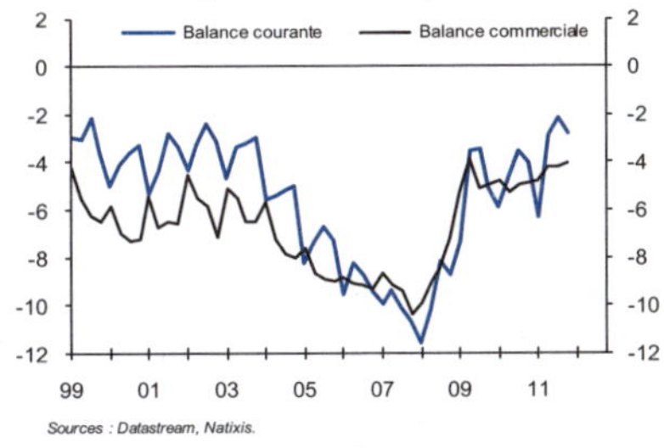


– que les banques prenaient des risques excessifs, et que l'excès d'endettement les mettrait en grande difficulté lorsque les emprunteurs seraient défaillants, ce qui est le cas aujourd'hui. (graph. 6).

6 – Espagne : taux de défaut (en % de l'encours de crédit)

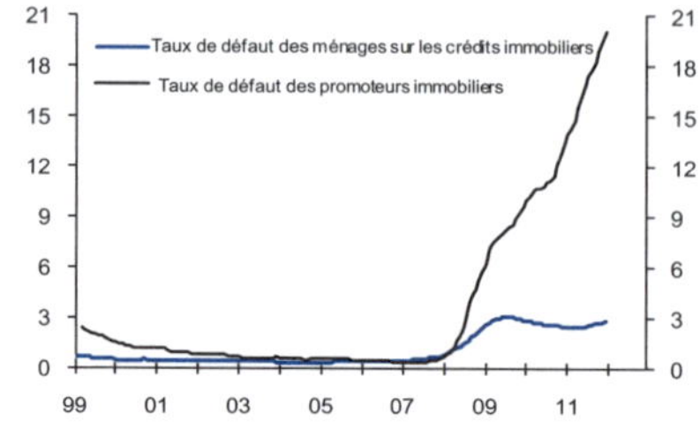

Sources : Datastream, Banque d'Espagne, Natixis.

Il faut donc bien admettre que l'analyse économique de l'Espagne par les autorités européennes a été plus que superficielle de 1999 à 2008.

Il semble qu'aujourd'hui une prise de conscience apparaisse : les Européens vont surveiller un nombre accru de variables de possibles déséquilibres (encadré 6), et il faudra une majorité qualifiée pour renoncer à l'application des sanctions (dite majorité qualifiée inversée).

**Encadré 6**

**Surveillance budgétaire et macroéconomique**

Le Parlement européen et le Conseil ont adopté sur proposition de la Commission européenne, un ensemble de six textes, destinés à garantir la discipline budgétaire et favoriser la stabilité de l'économie européenne.
Ce « six-pack », entré en vigueur le 13 décembre 2011 comporte en matière budgétaire un volet préventif, destiné à éviter l'apparition de déficit excessif, et un volet correctif pour les États faisant l'objet d'une « procédure de déficit excessif » (PDE). À ce jour, seuls quatre pays ne font pas l'objet d'une PDE : l'Estonie, la Finlande, le Luxembourg et la Suède. Les 23 autres pays de l'Union Européenne doivent se conformer aux recommandations du Conseil pour corriger leur déficit excessif.
Ces nouvelles règles visent par ailleurs à favoriser la stabilité macroéconomique et ainsi la compétitivité de l'UE. La Commission

et le Conseil surveillent les risques d'apparition de déséquilibres et formulent des recommandations aux États pour les corriger. En cas de déséquilibre excessif, la Commission renforcera la surveillance et des mesures correctives devront être prises par le pays concerné.
Des sanctions financières peuvent être adoptées si les mesures destinées à résorber les déséquilibres budgétaire ou macroéconomique restent insuffisantes.
Les principales étapes de la surveillance budgétaire et de la surveillance macroéconomique sont présentées en annexe.

Revenons sur la « mauvaise » hétérogénéité. Elle peut venir de l'absence de forces de rappel qui redressent la compétitivité ou la profitabilité des entreprises. Ceci est le cas si les salaires ne réagissent pas à la perte de compétitivité ou au chômage ; elle peut venir d'une absence de retour à l'équilibre des finances publiques même dans les périodes de croissance forte ; elle peut venir aussi de l'insuffisance de l'effort d'investissement ou d'innovation qui empêche les pays de construire une capacité de production suffisante pour satisfaire la demande intérieure et qui fait apparaître les déficits extérieurs ; enfin, bien sûr, de l'excès d'endettement et des bulles sur les prix des actifs. L'encadré 7 illustre les besoins de surveillance macro-prudentielle dans le cas de la France.

Mais il faut voir qu'il s'agit d'un travail complexe d'analyse macro et microéconomique alors que les autorités européennes n'avaient pas pour tradition une analyse détaillée et structurelle du fonctionnement des économies.

## Encadré 7

### Supervision macro-prudentielle : qu'aurait-on dû dire à la France ?

Une supervision macro-prudentielle attentive de la France aurait amené à pousser plusieurs signaux d'alarme puisque :

– la profitabilité des entreprises recule continuellement, la compétitivité-coût se dégrade continûment (graph. 1) ;

**1 – (axes différents) – Profits après taxes, intérêts et dividendes et coût salarial unitaire**

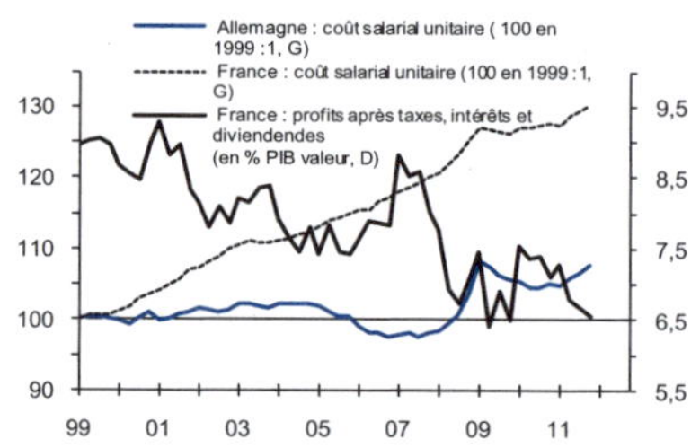


*Sources : Datastream, sources nationales, Eurostat, Natixis.*

– la désindustrialisation est forte (graph. 2) et entraîne l'apparition d'un déficit commercial croissant (graph. 3) ;

**2 – Emploi manufacturier (en % de l'emploi total)**

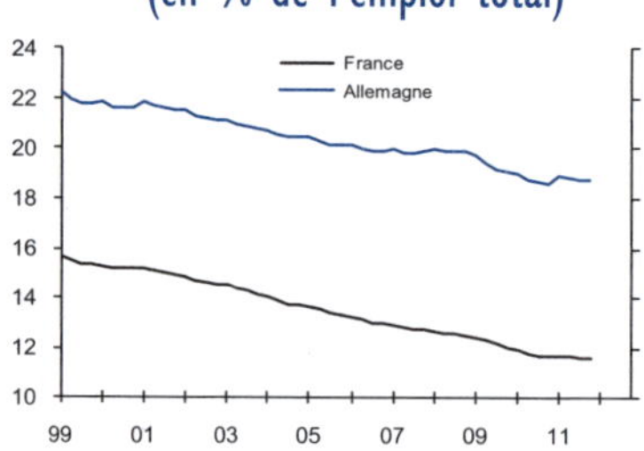


**3 – France : balance commerciale (en Mds d'euros, annualisée)**

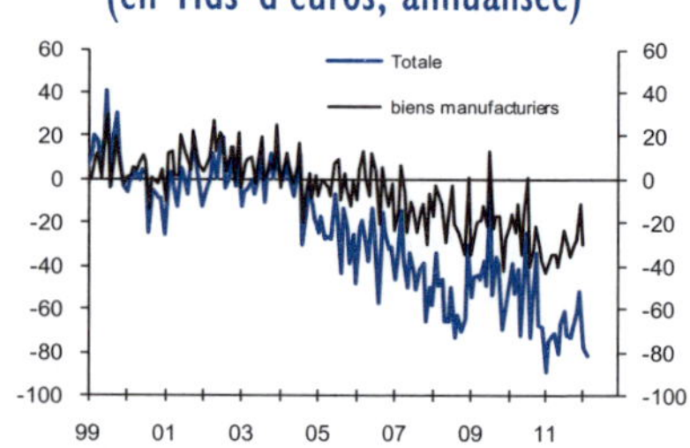


*Sources : Datastream, Eurostat, Natixis.*

– le positionnement en gamme de l'industrie est bas, ce qui entraîne l'incapacité pour les entreprises industrielles de passer dans leurs prix de vente la hausse de leurs coûts salariaux (graph. 4) ;

– même dans les périodes de croissance, les finances publiques ne sont jamais ramenées à l'équilibre (graph. 5).

**4 – France : prix de la valeur ajoutée et coût salarial unitaire dans le secteur manufacturier**

Sources : Datastream, Eurostat, Natixis.

**5 – France : PIB volume et déficit public**

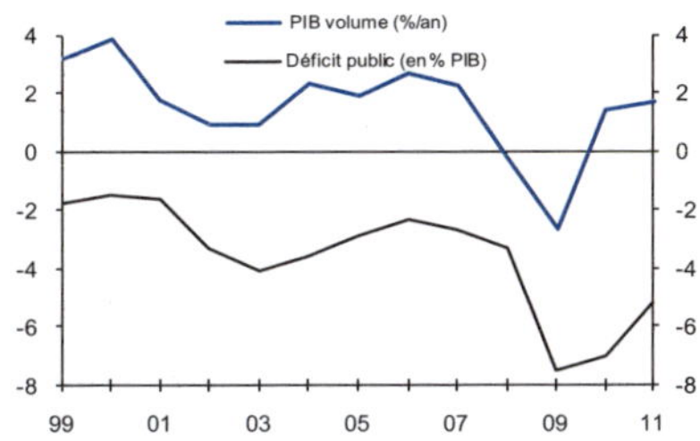


Sources : Datastream, Natixis.

(100 en 1999 : 1)

Il faut en effet regretter la domination en Europe de la culture du « chiffre magique » : déficit public inférieur à 3 % du PIB, inflation inférieure à 2 %, dépenses de Recherche-Développement supérieures à 3 % du PIB (les fameux « objectifs de Lisbonne »). Il va maintenant falloir substituer à la culture du chiffre magique une culture de l'analyse économique sérieuse et structurelle des pays.

Cette analyse soucieuse et transparente de la situation vaut aussi pour les banques. La crise a démontré l'échec des régulateurs nationaux, qui n'ont pas vu venir l'ampleur des crises bancaires, au Royaume-Uni, en Irlande, en Espagne. Il a fallu attendre le printemps 2012 pour que l'ampleur des besoins de recapitalisation des banques espagnoles (autour de 80 Mds d'euros) soit connue. Avant cette date, les autorités espagnoles ont constamment tenté de minimiser la taille du problème.

On envisage maintenant une supervision européenne des banques (EBA – *European Banking Authority* – BCE), ce qui règle de plus le problème des banques transnationales, en espérant que cette autorité pourra de manière transparente informer les opinions et les marchés financiers sur la situation des banques. On sait aussi que les nouveaux ratios réglementaires des banques (connus sous le nom de Bâle 3) renforcent les exigences de fonds propres des banques, réduisent la possibilité pour les banques d'utiliser le levier d'endettement et des ressources à court terme pour financer des crédits à long terme.

## *Les institutions de long terme : les fausses pistes et la réforme indispensable*

Venons-en maintenant au troisième sujet, celui des institutions de long terme. On sait que la zone euro est structurellement hétérogène. Une partie de l'hétérogénéité, on vient de le voir, est due aux mauvaises politiques et aux mauvaises stratégies économiques, qui expliquent des divergences anormales des coûts salariaux, des efforts d'innovation, des taux d'endettement ; on peut parler ici de « mauvaise hétérogénéité », et l'objectif des nouvelles politiques macro-prudentielles est de la faire disparaître.

Mais une partie de l'hétérogénéité est une « bonne » hétérogénéité qui vient de l'exploitation normale et efficace des avantages comparatifs, des dotations en facteurs de production (de la quantité de travail qualifié, de capital, d'innovation disponible).

Cette bonne hétérogénéité rend les pays plus différents les uns des autres, mais elle accroît le bien-être puisqu'elle permet de produire plus efficacement les différents biens et services.

Il ne faut donc pas essayer de la faire disparaître, mais il faut au contraire adapter les institutions pour qu'elle puisse subsister.

Avant de revenir sur ce point examinons quelques « fausses pistes » de réforme institutionnelle dans une logique de long terme.

Nous avons à l'esprit deux « fausses pistes » souvent évoquées et très opposées dans leur conception : la monétisation de dettes publiques, l'utilisation du salaire comme variable d'ajustement substituable au taux de change.

La monétisation des dettes publiques consiste à faire acheter les dettes publiques par la Banque Centrale contre création monétaire. Elle est souvent suggérée comme remède final à la crise de la zone euro sous une forme ou une autre : financements des États à taux d'intérêt très bas par la BCE, prêts illimités de la BCE à l'EFSF-ESM...

L'encadré 8 rappelle les principes de la monétisation. Mais l'endettement public de la zone euro vient d'un problème profond qui est le déficit de croissance de certains pays qui les conduit à avoir des déficits publics excessifs. Réduire les taux d'endettement par la monétisation peut avoir du sens s'il s'agit d'une dette publique apparue de manière accidentelle en raison d'un choc qui ne se reproduira pas (guerre, catastrophe naturelle) ; on ne peut pas monétiser une dette publique qui se régénère continuellement. La seconde fausse piste est l'utilisation du salaire comme variable unique d'ajustement dans une union monétaire avec comme objectif l'équilibre extérieur.

**Encadré 8**

**Monétisation des dettes publiques**

La monétisation consiste à remplacer les dettes publiques (des obligations d'État portant intérêt) par de la monnaie : la Banque Centrale achète les titres publics, paie par la création monétaire, et détruit ces titres publics.

Si une Banque Centrale achète des actifs et paie en créant de la monnaie de Banque Centrale, il y a bien augmentation de la taille du bilan de la Banque centrale et création monétaire. Si les actifs achetés sont des dettes publiques, la propriété de ces dettes passe d'investisseurs privés à la Banque Centrale et ces investisseurs reçoivent de la monnaie. Mais l'État a toujours le même niveau de dette, puisque la Banque centrale ne détruit pas les titres. Au sens strict, il ne s'agit donc pas de monétisation.

On voit aujourd'hui un simple transfert de propriété des titres publics des investisseurs privés vers les Banques Centrales. Lorsque la BCE, la Banque d'Angleterre ou la Réserve Fédérale aux États-Unis ont acheté des titres publics, l'État doit continuer à leur payer les intérêts sur ces titres et doit les rembourser.

Il s'agit, avec la monétisation, d'une totale substitution de la monnaie aux obligations au passif de l'État, qui est alors le même agent économique que la Banque Centrale.

Comment la monétisation améliore-t-elle la solvabilité de l'État ?

- la création monétaire fait baisser les taux d'intérêt normaux et peut être inflationniste si l'économie n'est pas trop loin du plein-emploi. Il y a alors baisse des taux d'intérêt réels, ce qui réduit progressivement le taux d'endettement public ;
- le déficit public est financé par de la création monétaire et par l'émission d'obligations publiques ce qui réduit mécaniquement le taux d'endettement public ;
- l'inflation taxe les encaisses monétaires (qui ne paient pas d'intérêt) détenues par les agents économiques, cette taxe inflationniste (dite aussi seigneuriage) est une ressource de l'État.

La dernière fois que la monétisation a été réellement utilisée en Europe remonte aux années 1970. À partir du début des années 1980, les politiques monétaires de lutte contre l'inflation ont été mises en place.

Regardons le cas de la France. Le graphique 1 montre que les taux d'intérêt réels à long terme sont devenus négatifs à partir du premier choc pétrolier de 1973 avec une forte inflation. Le graphique 2 montre que la création monétaire a été à cette époque très rapide. Et le graphique 3 montre que, malgré les déficits publics, ceci a permis d'éviter la hausse du taux d'endettement public.

### 1 – France : inflation, taux d'intérêt à 10 ans et taux d'intérêt réel à 10 ans sur les emprunts d'État

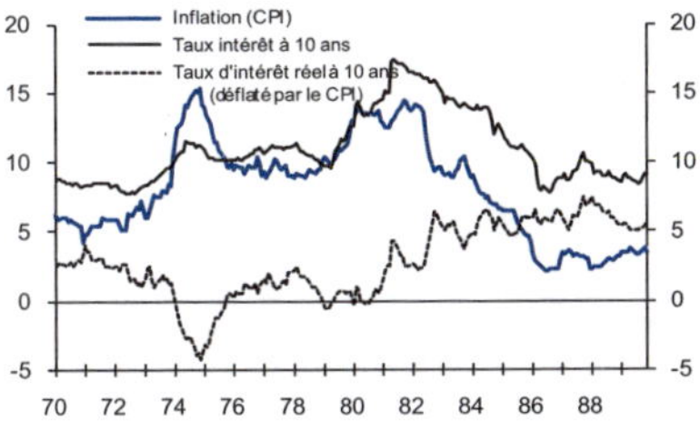


Sources : Datastream, Natixis.

### 2 – France : masse monétaire $M_2$ (GA en %)

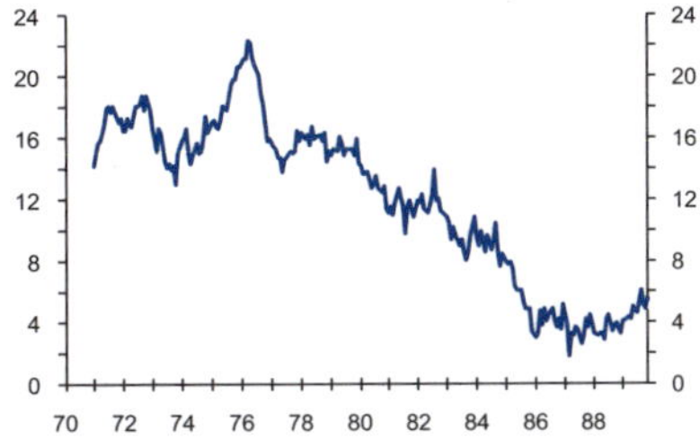


Sources : Datastream, FMI, Natixis.

### 3 – France : déficit public et dette publique (en % du PIB)

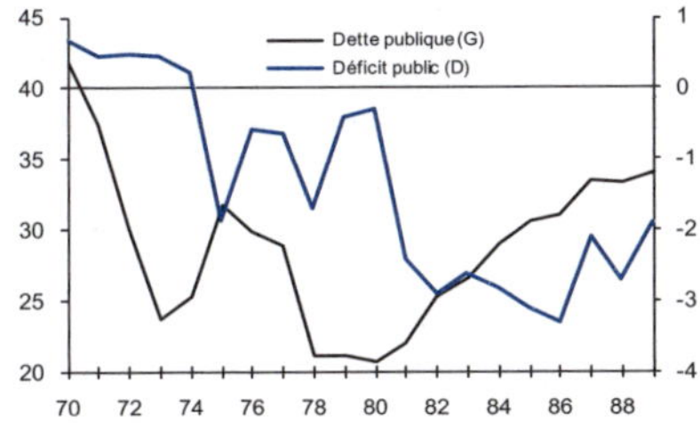


Sources : Datastream, Natixis.

Il y a dans une union monétaire le besoin de procéder à des ajustements de compétitivité, c'est-à-dire des ajustements des taux de change réels (encadré 9).

**Encadré 9**

**Ajustement extérieur par le taux de change ou par les salaires**

Nous allons prendre l'exemple intéressant de l'Espagne. Au début des années 1990, l'Espagne est confrontée à un problème de déficit extérieur et de ralentissement de sa croissance (graph. 1). Elle réagit en quittant le système monétaire européen (graph. 2).

## 1 – Balance commerciale et croissance du PIB

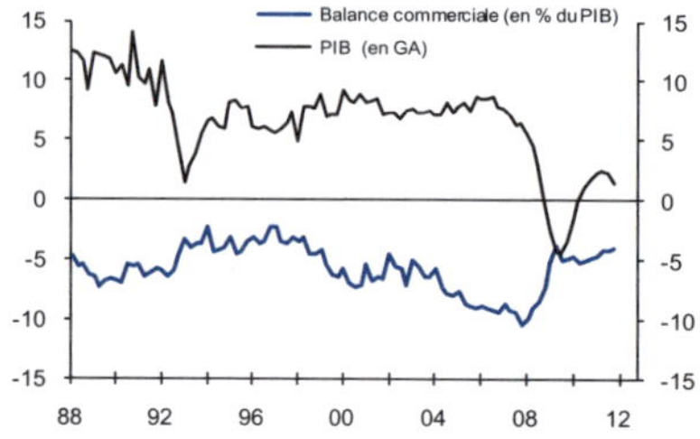


Sources : Datastream, Natixis.

## 2 – Espagne : taux de change peseta contre DM

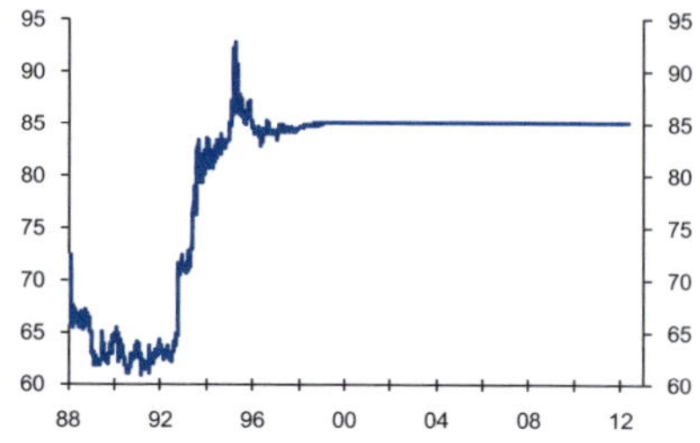

Sources : Datastream, Natixis.

L'effet inflationniste de la dévaluation est limité et, de ce fait, la perte de salaire réduite, ce qui est probablement dû à la rigidité des prix.

À partir de 2008, l'Espagne est confrontée à la même difficulté : déficit extérieur, perte de compétitivité, mais dans le cadre de la zone euro, elle ne dévalue pas et organise la réduction de son déficit extérieur par une politique budgétaire restrictive et par la baisse des salaires réels et de la demande intérieure (graph. 3 et 4).

## 3 – Espagne : salaire par tête et inflation (GA en %)

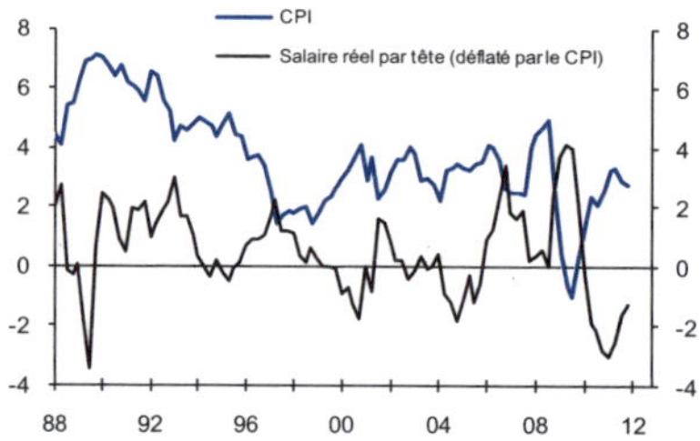


Sources : Datastream, Natixis.

## 4 – Espagne : demande intérieure et importations en volume (GA en %)

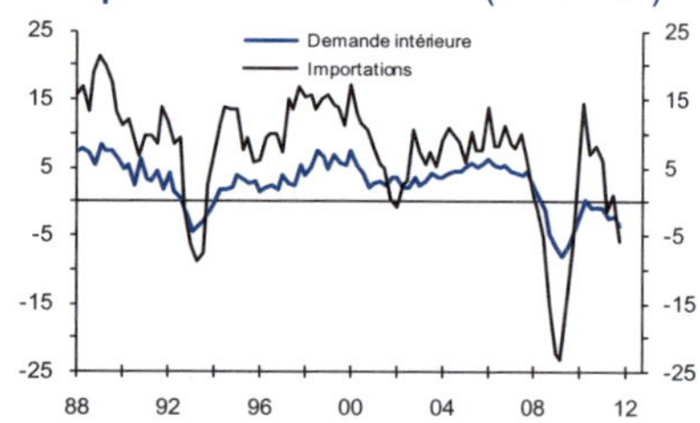


Sources : Datastream, INE, Natixis.

Le second type d'ajustement (par le salaire réel et la demande intérieure) est visiblement beaucoup plus pénible et coûteux en emplois que le premier (par le taux de change).

Le chômage a peu monté après 1992 en Espagne (graph. 5), le déficit extérieur a reculé rapidement (graph. 1).

L'ajustement passe aujourd'hui par le recul de la demande intérieure et des importations. La baisse de la demande intérieure entraîne une hausse du chômage considérable.

**5 – Espagne : taux de chômage**

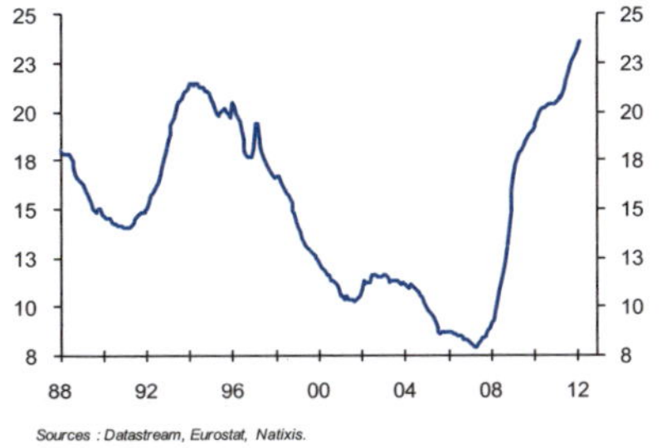


La clé de l'explication est la rigidité des prix ; si les prix varient peu, une baisse du salaire nominal :
- améliore peu la compétitivité extérieure puisque le prix des exportations est rigide (graph. 6) ;
- réduit beaucoup le salaire réel (graph. 3) puisque les prix domestiques sont rigides (graph. 6).

**6 – Espagne : coût salarial unitaire, prix des exportations et prix du PIB (GA en %)**

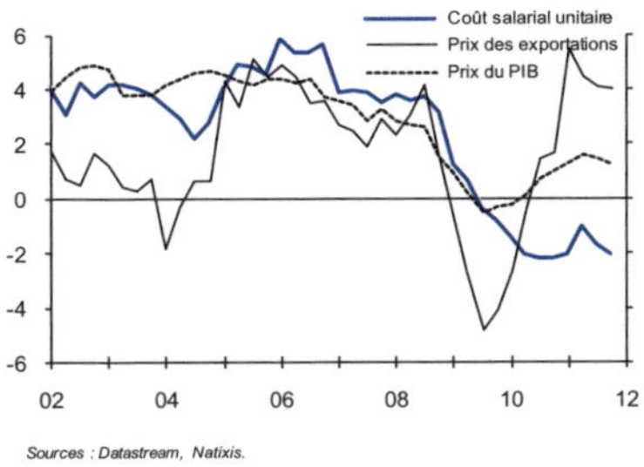


Une théorie très développée aujourd'hui dans la zone euro est que, puisqu'évidemment les taux de change ne peuvent pas être utilisés pour améliorer la compétitivité, cette amélioration peut être obtenue de manière équivalente par la baisse du salaire, parfait substitut donc à la dépréciation du taux de change. Dans un monde parfait où les prix et les salaires sont parfaitement flexibles, cette théorie est juste :

une dépréciation de 10 % du taux de change est parfaitement équivalente à une baisse de 10 % des salaires qui entraîne une baisse de 10 % des prix et puisque les salaires et les prix baissent de 10 %, le pouvoir d'achat des salaires ne baisse pas.

Mais la réalité observée est très différente. Les prix des biens et services sont très rigides. Lorsqu'un pays dévalue de 10 %, les prix de ses produits dans le reste du monde baissent de 10 %, sa compétitivité et son commerce extérieurs s'améliorent. Les prix domestiques étant rigides, ils augmentent peu, et la perte de pouvoir d'achat pour les salaires est limitée.

Mais si les salaires du pays sont réduits de 10 % les prix à l'exportation varient peu et le gain en compétitivité est réduit, les prix intérieurs du pays baissent peu et la perte de salaire réel, de pouvoir d'achat est considérable.

Dans le premier cas (dévaluation), on a un ajustement qui passe essentiellement par la stimulation de la compétitivité et des exportations, et qui est donc créateur d'emplois. Dans le second cas (baisse des salaires), on a un ajustement qui passe essentiellement par la dépression de la demande intérieure et des importations et qui est donc destructeur d'emplois, la destruction d'emplois aggravant la dépression de la demande intérieure.

La thèse selon laquelle aujourd'hui il suffirait de baisser les coûts salariaux pour faire disparaître les déficits extérieurs dans les pays en difficulté de la zone euro est donc irresponsable : cette baisse des salaires conduit à une hausse insupportable du chômage, comme on le voit aujourd'hui en Espagne, en Grèce, au Portugal, et n'est donc absolument pas un substitut acceptable d'une dévaluation.

Quelle est alors la piste constructive pour la réforme institutionnelle à long terme ?

Le problème essentiel pour nous est de rendre compatibles les institutions de la zone euro avec l'hétérogénéité normale de long terme.

L'hétérogénéité normale des pays résulte de la spécialisation productive qui s'opère en fonction des avantages comparatifs, des dotations en facteurs de production (travail qualifié, capital). Les pays disposant de beaucoup de main-d'œuvre qualifiée, de capital et réalisant beaucoup d'innovations se spécialisent, on le sait, naturellement dans l'industrie et les services exportables haut de gamme (encadré 10).

**Encadré 10**

**Dotations en facteurs de production et spécialisation productive**

La production de biens industriels de haut de gamme nécessite une main-d'œuvre qualifiée abondante, une intensité capitalistique élevée (un capital par travailleur élevé) et un effort de Recherche et Développement important.

La structure par qualification de la population active (tableau A), l'effort de Recherche-Développement (tableau B), le niveau de capital par tête (graph. 1) expliquent que l'Allemagne enregistre des excédents extérieurs grâce à sa spécialisation productive dans la production haut de gamme.

Symétriquement, la main-d'œuvre peu qualifiée, la faiblesse du capital par travailleur et des budgets de Recherche et Développement amènent les pays du Sud de la zone euro à se spécialiser dans les productions de basse et moyenne gamme. Cependant, cette spécialisation a abouti à une désindustrialisation de la Grèce, de l'Espagne et du Portugal dont les déficits extérieurs se sont creusés (graph. 2 et 3).

### Tableau A
### Structure de la population active par niveau d'éducation

| en % | Inférieur au 2e cycle du secondaire | | 2e cycle du secondaire et postsecondaire non tertiaire | | Universitaire | |
|---|---|---|---|---|---|---|
| | 1999 | 2009 | 1999 | 2009 | 1999 | 2009 |
| Allemagne | 19 | 15 | 58 | 59 | 23 | 26 |
| France | 38 | 30 | 40 | 41 | 21 | 29 |
| Espagne | 65 | 48 | 14 | 22 | 21 | 30 |
| Pays-Bas | 45 | 27 | 32 | 41 | 23 | 33 |
| Italie | 58 | 46 | 33 | 40 | 9 | 15 |
| Belgique | 43 | 29 | 31 | 37 | 27 | 33 |
| Autriche | 25 | 18 | 61 | 63 | 14 | 19 |
| Finlande | 28 | 18 | 40 | 45 | 31 | 37 |
| Grèce | 52 | 39 | 30 | 38 | 17 | 24 |
| Portugal | 81 | 70 | 10 | 15 | 9 | 15 |
| Slovaquie | 18 | 9 | 72 | 75 | 10 | 16 |
| Slovénie | - | 17 | - | 60 | - | 23 |
| Irlande | 45 | 28 | 35 | 36 | 20 | 36 |

Sources : Regards sur l'éducation, 2011 (OCDE).

### Tableau B
### Dépenses de R&D totales (en % du PIB)

| | 1999 | 2000 | 2001 | 2002 | 2003 | 2004 |
|---|---|---|---|---|---|---|
| Allemagne | 2,41 | 2,47 | 2,47 | 2,50 | 2,54 | 2,50 |
| France | 2,16 | 2,15 | 2,20 | 2,24 | 2,18 | 2,16 |
| Espagne | 0,86 | 0,91 | 0,92 | 0,99 | 1,05 | 1,06 |
| Italie | 1,02 | 1,04 | 1,08 | 1,12 | 1,10 | 1,09 |
| Portugal | 0,69 | 0,73 | 0,77 | 0,73 | 0,71 | 0,75 |
| Grèce | 0,60 | 0,59 | 0,58 | 0,57 | 0,57 | 0,55 |

| | 2005 | 2006 | 2007 | 2008 | 2009 | 2010 |
|---|---|---|---|---|---|---|
| Allemagne | 2,51 | 2,54 | 2,53 | 2,69 | 2,82 | 2,82 |
| France | 2,11 | 2,11 | 2,08 | 2,12 | 2,26 | 2,26 |
| Espagne | 1,12 | 1,20 | 1,27 | 1,35 | 1,39 | 1,39 |
| Italie | 1,09 | 1,13 | 1,17 | 1,21 | 1,26 | 1,26 |
| Portugal | 0,78 | 0,99 | 1,17 | 1,50 | 1,64 | 1,59 |
| Grèce | 0,59 | 0,58 | 0,58 | 0,58 | 0,57 | |

**1 – Capital net productif par habitant (volume, en milliers d'euros)**

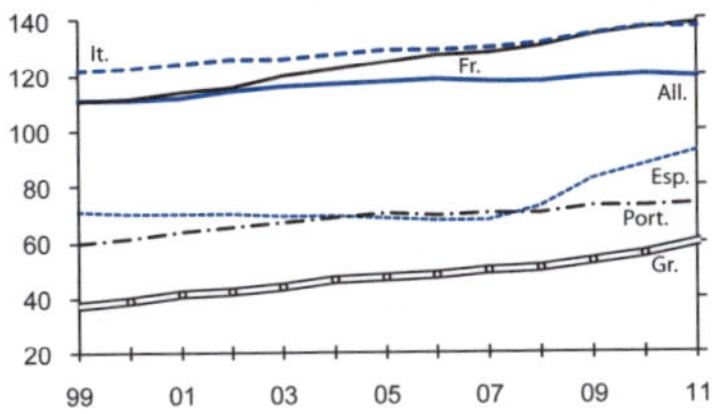


Sources : Datastream, OCDE, Natixis.

**2 – Balance courante (en % du PIB)**

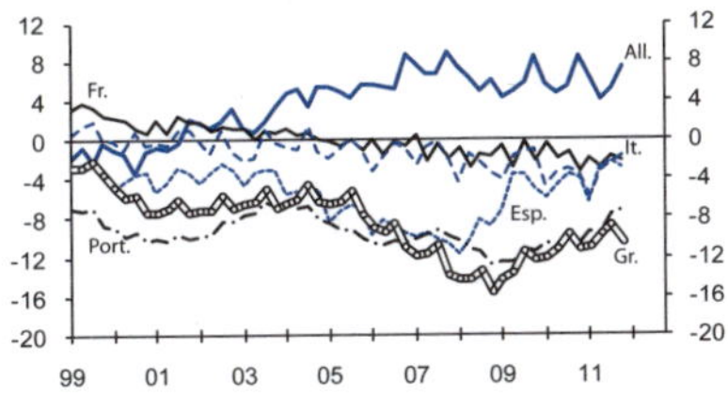


Sources : Datastream, Natixis.

**3 – Valeur ajoutée dans le secteur manufacturier (en volume, en % du PIB)**

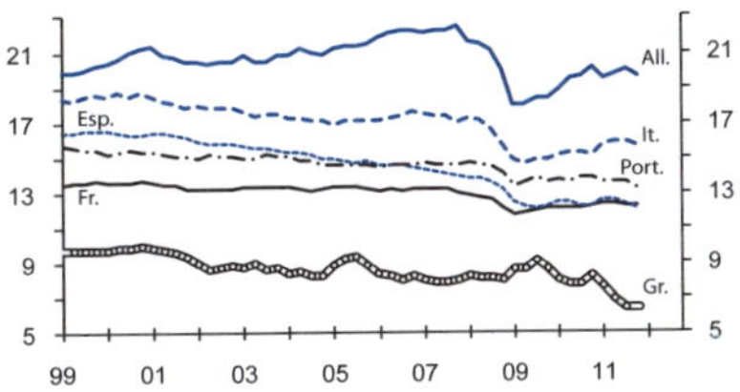


Sources : Datastream, Eurostat, Natixis.

Le cas de la France est beaucoup plus compliqué : « malgré » une qualification élevée de la population active et une intensité capitalistique forte, la France est désindustrialisée et a un déficit extérieur croissant : évidemment les dotations en facteurs de production n'expliquent pas tout.

Ceci génère, de manière tout à fait normale et efficace, puisqu'il s'agit de la manière la moins coûteuse de produire des biens et services dans la zone euro, une différenciation entre des pays qui sont plus ou moins industriels, plus ou moins exportateurs, plus ou moins riches.

Il faut que les institutions de la zone euro soient compatibles avec cette situation ; or ce n'est pas le cas ; en l'absence de fédéralisme, c'est-à-dire de transferts de revenus organisés entre les pays, les pays de la zone euro sont condamnés à l'équilibre extérieur de leur balance courante.

En effet, s'ils se spécialisent dans les services non exportables, ils ont nécessairement un déficit extérieur. Ce déficit extérieur n'est pas compensé par des transferts de revenus liés au fédéralisme et conduit donc à une dette extérieure insuffisante, d'où une crise de solvabilité et une crise extérieure.

Dans une union monétaire sans fédéralisme, les pays sont soumis à la contrainte d'équilibre extérieur, ce qui est incompatible avec le processus normal de spécialisation (encadré 11).

**Encadré 11**

**L'impossibilité d'une union monétaire sans fédéralisme**

En l'absence de fédéralisme, c'est-à-dire de transferts publics entre les pays, les déficits de balance courante sont impossibles car ils conduisent à une hausse insupportable à long terme des dettes extérieures.

Il existe donc une contradiction impossible à résoudre entre :
– l'unification monétaire sans fédéralisme qui impose l'équilibre extérieur à chaque État membre ;
– la spécialisation productive normale des pays qui génère des déficits extérieurs.

Le cas des États-Unis est instructif. Le fédéralisme permet aux États d'avoir des déséquilibres extérieurs considérables (tableau A) puisqu'ils sont compensés par les transferts fédéraux.

**Tableau A**
**États-Unis : balances commerciales des biens des États (en % du PIB)**

| | 2008 | 2009 | 2010 |
|---|---|---|---|
| Californie | –10,6 | –8,1 | –9,7 |
| Floride | -0,5 | 0,2 | –0,1 |
| Géorgie | -7,2 | –6,0 | –7,7 |
| Illinois | -10,1 | –7,1 | –9,0 |
| Indiana | -0,6 | –0,9 | –1,6 |
| Massachusetts | –1,1 | –0,8 | –1,2 |
| Michigan | –12,0 | –7,3 | –11,3 |
| New Jersey | –20,4 | –14,2 | –15,7 |
| New York | –4,0 | –3,1 | –3,8 |
| Caroline du Nord | –5,6 | –3,9 | –4,1 |
| Ohio | –2,9 | –1,9 | –2,4 |
| Pennsylvanie | –8,6 | –5,4 | –7,0 |
| Texas | –7,9 | –3,7 | –4,9 |
| Virginie | –1,1 | –0,9 | –0,8 |
| Washington | 1,8 | 4,3 | 3,1 |

Source : Census Bureau, Natixis.

Notamment, les dépenses de santé (Medicare, Medicaid), les salaires des fonctionnaires sont financés par les impôts fédéraux (graph. 1).

**1 – États-Unis : impôts fédéraux (en % impôts totaux)**

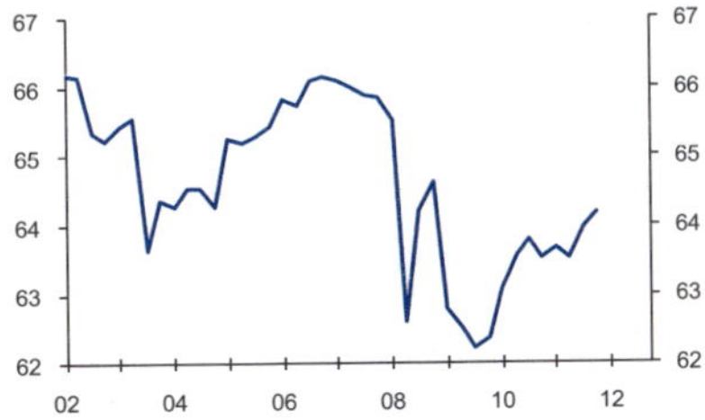


Sources : Datastream, BEA, Natixis.

Si les institutions restent semblables, c'est-à-dire continuent à imposer l'équilibre extérieur des pays de la zone euro, il n'y aura pas d'autre solution pour ces pays que de comprimer leur demande intérieure et leur pouvoir d'achat jusqu'au point où leur déficit extérieur disparaît. Ce processus, on vient de le voir, est trop coûteux en emplois pour être accepté. La seule solution est donc, non de renoncer à une spécialisation productive efficace, mais de modifier les institutions de la zone euro pour qu'elles deviennent compatibles avec la spécialisation productive efficace. Puisque certains pays se spécialisent dans les secteurs exportateurs et pas les autres, des déficits et des excédents extérieurs apparaissent. Ces déséquilibres imposent le fédéralisme, seul moyen de compenser les déséquilibres de balance courante par des flux de revenus entre pays (encadré 12).

Sans cette évolution vers le fédéralisme, il ne peut y avoir qu'éclatement de l'euro, les pays de la zone euro étant pris entre la nécessité d'équilibrer leurs comptes extérieurs et celle de respecter la spécialisation productive conforme à leurs avantages comparatifs et à leurs dotations en facteurs de production.

**Encadré 12**

**Fédéralisme**

Le fédéralisme consiste en la mise en place de transferts publics de revenus entre des pays d'une union monétaire, entre les régions d'un pays.

Le fédéralisme pourrait dans la zone euro prendre diverses formes :

– des émissions en commun de dettes publiques (eurobonds). Si les pays de la zone euro émettaient leur dette publique en commun, il y aurait potentiellement transfert des pays solvables vers les pays qui seraient en difficulté, au travers de la solidarité des emprunteurs ;
– la mise en commun de certaines parties de la protection sociale. Supposons par exemple que l'indemnisation du chômage soit faite

– sur une base européenne et non nationale : les pays à chômage faible soutiendraient alors les pays à chômage élevé (graph. 1) ;

1 – Taux de chômage

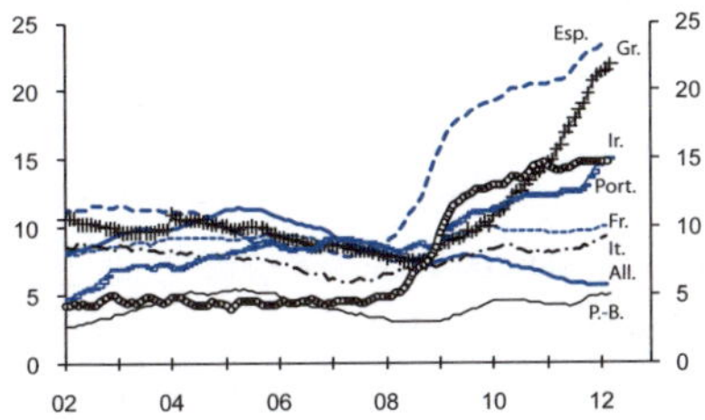


Sources : Datastream, Eurostat, Natixis.

– la mise en commun de certaines parties de la fiscalité. Si la TVA par exemple était un impôt européen, les pays où la consommation est plus forte soutiendraient ceux où la consommation est plus faible (graph. 2).

2 – Consommation des ménages (volume, GA en %)

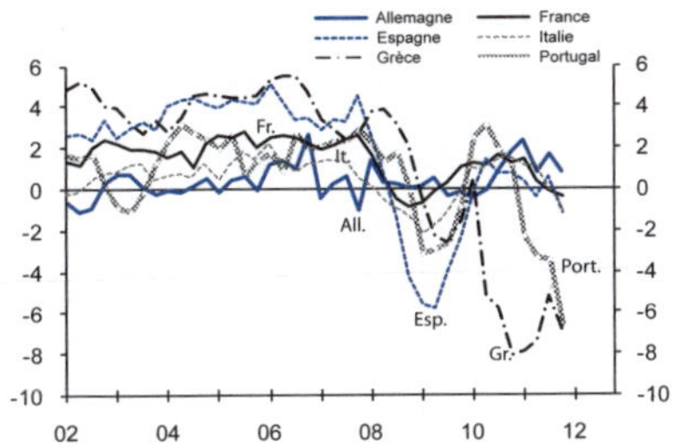


Sources : Datastream, Nataxis.

## *Le fédéralisme : indispensable mais difficile à mettre en œuvre*

Le fédéralisme est sans conteste la seule réponse possible à la crise actuelle. C'est même la condition *sine qua non* de toute union monétaire. Pour autant, une fois la nécessité du fédéralisme établie, restent de nombreuses questions en suspens, tant sur les modalités qui peuvent être envisagées que sur les questions techniques de leur mise en œuvre.

La spécialisation productive à l'œuvre au sein de la zone euro permet aux entreprises d'améliorer leur compétitivité, et doit de ce fait se poursuivre.

Cependant, cette réorganisation de la production a entraîné des déficits extérieurs croissants dans les pays du Sud de la zone euro et la réindustrialisation souhaitable de ces pays ne pourra se faire rapidement.

Les mesures destinées à rééquilibrer le commerce extérieur telles que la baisse des salaires et la compression de la demande intérieure ont à leur tour un effet récessif qui empêche aussi le retour à l'équilibre budgétaire. La hausse des taux d'intérêt contenue un temps par les VLTRO peut à tout moment reprendre. Tant que des transferts ne sont pas organisés entre les pays pour compenser les déséquilibres extérieurs, les causes fondamentales de la crise de la zone euro subsisteront. Ces transferts relèvent du fédéralisme.

Différents types de transferts peuvent être envisagés, des transferts budgétaires ou des transferts sociaux. Des mécanismes de financement de la dette publique sont d'autres possibilités de transferts, qu'ils prennent la forme d'émissions communes de titres de dette souveraine ou de structure de défaisance, c'est-à-dire d'isolation des dettes douteuses qui sont ensuite progressivement résorbées. Enfin des systèmes de garantie des dépôts bancaires peuvent aussi être mis en œuvre à l'échelle de la zone.

Les transferts budgétaires correspondant au fédéralisme stricto sensu. Dans cette hypothèse, le budget européen permet de transférer des impôts perçus dans les régions en forte croissance vers les régions à croissance plus faible voire en récession. Il est ainsi possible d'envisager un mécanisme de « stabilisateur automatique » à l'échelle de la zone euro dans lequel les excédents budgétaires de certains pays permettent le financement des déficits budgétaires d'autres régions, dont la conjoncture serait moins favorable. Il serait ainsi plus aisé d'assurer l'équilibre budgétaire de la zone euro prise dans son ensemble et de chacun des pays grâce aux transferts. Il est également possible d'envisager que ces transferts ne résultent pas seulement des mécanismes automatiques mais soient le fruit d'une politique volontariste.

La définition d'une politique industrielle à l'échelle de la zone euro, dans le but de réindustrialiser les pays ayant des déficits extérieurs entraînerait le versement de fonds aux pays cibles de ces politiques, ces fonds provenant des pays à croissance élevée. L'attractivité des territoires situés à la périphérie de la zone pourrait par ailleurs être améliorée par des mécanismes d'incitation fiscale, à l'instar de l'exemple irlandais. Une taxation plus faible des bénéfices des sociétés dans des pays tels que la Grèce, le Portugal inciterait les industriels à y localiser leur production. Globalement une action sur les impôts et les transferts budgétaires peut agir sur les causes fondamentales de la crise de la zone euro.

Une modification des prélèvements sociaux et de la protection sociale peut aussi apporter une réponse, même partielle aux déséquilibres de la zone. L'indemnisation du chômage peut parfaitement être envisagée au niveau européen. Ainsi les cotisations sociales ou les prélèvements sociaux peuvent être collectés à l'échelle de la zone euro et les indemnisations des chômeurs des pays les plus touchés par une récession seraient financées par les cotisations des travailleurs des pays dont la croissance serait plus dynamique.

Ce faisant, les déficits du financement de la protection sociale seraient résorbés et les transferts entre États via l'indemnisation du chômage limiteraient l'ampleur du ralentissement économique des pays les plus touchés. Le financement de la retraite pourrait aussi être repensé à l'échelle européenne, les pays dont la démographie ou le rythme de croissance déséquilibrent le système de financement pourraient ainsi recevoir des transferts en provenance d'autres pays de la zone dont la démographie et la croissance sont différentes.

Ces transferts sociaux présenteraient en outre l'avantage de ne pas supposer une modification institutionnelle ce qui permettrait une mise en œuvre plus rapide que l'instauration d'un fédéralisme au sens strict, avec des transferts budgétaires.

Pour résoudre les problèmes de financement auxquels les pays du Sud de la zone sont confrontés, plusieurs mécanismes peuvent être envisagés comme les Eurobonds, permettant l'émission commune de dette ou un fonds de rédemption de la dette souveraine. Les Eurobonds permettraient à une structure supranationale d'émettre des obligations à des taux d'intérêt relativement faibles car le risque de défaut de la zone euro dans son ensemble est faible. Les fonds empruntés seraient ensuite prêtés aux différents pays de la zone, permettant ainsi de diminuer les taux d'intérêt des pays les plus en difficulté, quitte à majorer légèrement les taux d'intérêt des pays ayant aujourd'hui la meilleure notation. La mise en place des Eurobonds permettrait dans un premier temps de résoudre l'aspect financier de cette crise et dans un second temps de financer les politiques structurelles des États dont la dette a aujourd'hui une note dégradée. Un autre moyen de limiter l'impact de la dette souveraine sur la capacité d'emprunter des États en situation difficile pourrait être de créer un fonds de rédemption de la dette souveraine. Cette structure de défaisance permettrait de mutualiser une partie de la dette des États lourdement endettés dans un fonds créé à cette fin. Ce faisant, les États pourraient bénéficier à la fois d'un taux d'intérêt plus faible et d'une durée de remboursement plus longue pour cette dette déjà émise. Cette mutualisation d'une partie de la dette rendrait ainsi aux États la capacité d'emprunter à nouveau sur les marchés financiers.

De manière plus immédiate, une autre forme de mutualisation du risque bancaire pourrait être mise en place, pour éviter les paniques bancaires (*bank run*) dans les pays pour lesquels une possibilité de sortie de la zone euro est anticipée. En effet, la peur de la sortie de la Grèce de la zone euro et du retour à la drachme a entraîné des retraits massifs des banques grecques.

Ainsi, les dépôts dans les banques grecques sont passés de 392 milliards d'euros à l'été 2010 à 286 milliards d'euros au premier trimestre 2012, les Grecs préférant détenir leur épargne en euros, sous la forme de billets, par crainte de voir leurs euros déposés à la banque convertis en drachmes en cas de sortie de l'euro de la Grèce. Ces retraits des dépôts massifs aggravent évidemment la situation économique puisque les banques ont des besoins de financement accrus et limitent de ce fait l'accès au crédit. Ces retraits importants peuvent d'ailleurs entraîner la faillite de banques déjà fragilisées par la crise. Une faillite de banque amplifierait à son tour le mouvement de défiance à l'égard du système bancaire, accélérant ainsi la panique bancaire. Pour éviter tout *bank run*, les États ont instauré une assurance des dépôts, garantissant à chaque agent économique ses dépôts bancaires. En France, l'État garantit les dépôts bancaires à concurrence de 100 000 euros par compte de dépôt. Cette garantie est aujourd'hui accordée par les États et dans le cas des pays les plus en difficulté, elle peut apparaître comme purement formelle, et ne limite pas suffisamment le mouvement de retrait massif des dépôts. Une assurance européenne des dépôts permettrait une restauration rapide de la confiance dans le système bancaire des pays fragilisés et une reconstitution progressive des dépôts, rendant ainsi au système bancaire sa capacité de financement de l'économie.

Les modalités par lesquelles la solidarité européenne peut s'exercer sont nombreuses, cependant la mise en œuvre de chacune des mesures présentées soulève des problèmes techniques importants.

Les transferts budgétaires ne peuvent être réalisés sans réforme constitutionnelle et sans conditionnalité. La générosité de pays excédentaires ne peut être comprise comme un blanc-seing aux pays déficitaires. Les « fourmis » ne souhaiteront pas financer ce qu'elles estiment être les « cigales ». Ainsi les politiques des uns devront être validées par les autres pays de la zone avant que des transferts ne soient opérés. Or, cette validation des politiques pose des problèmes considérables. Elle suppose que les parlementaires nationaux renoncent à leur souveraineté budgétaire en acceptant le contrôle d'une institution supranationale. Cette modification de la souveraineté budgétaire suppose par ailleurs des révisions des Constitutions qui ne peuvent être réalisées dans un temps très court. La soumission des politiques à l'examen d'une instance européenne ne signifie pas nécessairement l'instauration d'une politique budgétaire unique pour l'ensemble de la zone. Il est possible d'envisager une définition de politiques différentes, adaptées aux États, et des choix s'imposeront nécessairement quant aux contours de l'action publique, au poids de l'emploi public dans l'emploi total, au poids des prélèvements obligatoires. Or à ce jour, les évolutions nationales divergent grandement. Il apparaît clairement que la mise en œuvre du fédéralisme suppose la résolution de nombreuses questions techniques. Le constat est identique pour les transferts sociaux.

Un système européen d'assurance chômage ne peut se concevoir que si les conditions d'indemnisation sont identiques. Or, aujourd'hui, les durées de cotisation donnant droit au versement de l'allocation-chômage diffèrent selon les pays, tout comme la durée d'indemnisation et le calcul de l'indemnité. Pour pouvoir bâtir une assurance européenne de chômage, des discussions entre partenaires sociaux et gouvernements devront donc être menées à l'échelle européenne, obligeant ainsi la confrontation de conceptions différentes quant aux obligations des chômeurs par exemple. Un système de retraite européen suppose des négociations dont on peut imaginer qu'elles seront difficiles. En effet, les calculs des pensions répondent à des critères différents non seulement entre les pays, mais aussi entre les régimes au niveau national. Par ailleurs, l'âge de départ à la retraite est compris entre 60 et 67 ans selon les États.

Les cotisants qui ne prendront leur retraite qu'à partir de 67 ans n'accepteront pas de financer les pensions des retraités d'autres nationalités qui pourront prendre leur retraite à 60 ans. Ainsi, toute mise en œuvre de transferts suppose des négociations qui ne pourront qu'être longues, et durant cette période de négociation, des solutions devront être trouvées pour éviter toute aggravation de l'aspect financier de la crise.

Les Eurobonds peuvent-ils être mis en œuvre dans cette attente ? Hélas, non. La définition des Eurobonds nécessite aussi des révisions constitutionnelles, et pose par ailleurs des questions quant à la répartition des fonds. Comment les fonds empruntés par une institution européenne seront-ils affectés aux États ? Certains États comme l'Allemagne n'ont aucun besoin d'emprunter à l'aide de cette structure alors que d'autres États ont des besoins considérables. L'Espagne a besoin de financer un déficit public conséquent, alors que l'Italie est proche de l'équilibre budgétaire. En revanche, la dette publique italienne est extrêmement importante. Le fonds de rédemption des dettes entraîne le même type de questionnement. À quelle hauteur les dettes nationales pourront-elles être transférées dans un tel fonds ? Le transfert d'une partie de la dette dans un fonds serait assorti de garanties. Cela ne dégraderait-il pas de facto la qualité de la dette émise non transférée ?

Enfin le mécanisme européen d'assurance des dépôts qui peut techniquement répondre en cas de faillite d'une banque isolée ne peut intervenir en cas de risque de change sur un pays comme en Grèce aujourd'hui.

Ainsi, toute mesure visant à mettre en œuvre une solidarité européenne se trouve confrontée à une série de questions techniques qui, au mieux, retarderaient son instauration et au pire l'empêcherait. Le diable est dans les détails.

Les Européens pourraient cependant être rassurés, et les anticipations déstabilisatrices évitées, si la perspective d'une avancée institutionnelle dans le sens du fédéralisme était ouverte. Ceci serait le cas, en particulier, si une commission dirigée par une personnalité européenne charismatique et indiscutable analysait et résolvait les problèmes techniques et politiques posés par les différentes formes de fédéralisme, comme la Commission Delors l'avait fait pour la monnaie unique.

# Conclusion

Morale de la crise de la zone euro : pas d'union monétaire sans fédéralisme entre des pays trop hétérogènes dans leurs structures productives

La crise de la zone euro nous passe un message fort : une union monétaire sans fédéralisme entre pays très hétérogènes dans leurs structures productives ne peut pas réussir. En effet, certains pays ont alors normalement des excédents extérieurs, d'autres pays normalement des déficits extérieurs, et ces déséquilibres ne sont pas compensés par des flux de revenus dus au fédéralisme. Puisqu'il faut alors arrêter l'accumulation de dettes extérieures, les pays déficitaires doivent alors faire disparaître leurs déficits. S'ils sont fortement désindustrialisés, ceci ne peut pas se faire par le gain de compétitivité ou même par la sortie de l'union monétaire et la dévaluation ou par la dépréciation de la monnaie commune, mais seulement par la baisse du pouvoir d'achat, et de ce fait, la baisse de la demande et des importations.

Cette perspective est évidemment inacceptable pour les pays désindustrialisés, et un point central est que la désindustrialisation est accélérée par la participation à l'union monétaire : les pays désindustrialisés de la zone euro auraient pu utiliser une monnaie faible il y a 15 ans, plus aujourd'hui.

## *Hétérogénéité des structures productives des pays de la zone euro*

On l'a déjà vu plus haut, les pays de la zone euro ont des structures productives extrêmement différentes, en particulier en ce qui concerne le poids de l'industrie (plus généralement des secteurs exportateurs) ; la valeur ajoutée de l'industrie va de 6 % (Grèce) à 23 % (Finlande) et 27 % (Irlande) du Produit Intérieur Brut.

À la création de l'euro, ces pays étaient déjà hétérogènes, mais l'unification monétaire a amplifié l'hétérogénéité avec la disparition du risque de change et la spécialisation productive induite, ce qui a été bien montré dans le chapitre 2. On peut aussi regarder l'évolution des capacités de production de l'industrie manufacturière : depuis la création de l'euro, elle va de -12 % (Grèce) à +28 % (Allemagne, Finlande).

L'hétérogénéité des structures productives conduit à l'hétérogénéité des situations du commerce extérieur : les pays fortement désindustrialisés (Grèce, Espagne, France, Portugal) ont des déficits structurels de leur balance courante, donc accumulent des dettes extérieures croissantes, la France ne faisant partie des pays à déficit extérieur que depuis 2006.

## *La nécessité de faire disparaître les déficits extérieurs dans une union monétaire sans fédéralisme*

Dans une union monétaire sans fédéralisme, c'est-à-dire sans transferts publics entre les pays, les pays ne peuvent pas avoir un déficit extérieur chronique : leur déficit extérieur n'est pas compensé par des flux de revenus liés au fédéralisme et conduit donc à l'accumulation de dettes extérieures jusqu'au point où ces pays perdent leur solvabilité externe.

Quand on regarde le niveau d'endettement extérieur, du déficit courant, de déficit commercial on voit qu'aujourd'hui, dans la zone euro, l'Espagne, la Grèce, le Portugal ont perdu leur solvabilité extérieure, ce qui a été analysé dans le chapitre 3.

L'Italie a accumulé de la dette extérieure, mais est un pays très industriel avec un fort excédent commercial pour les produits industriels (150 Mds d'euros sur un an en 2012), et un déficit courant devenu faible.

La France a un déficit extérieur important et croissant mais a une dette extérieure nette faible (12 % du PIB, contre une année de PIB au Portugal, en Grèce, en Espagne). Il faut d'ailleurs regarder plutôt la dette extérieure brute que la dette extérieure nette, les actifs extérieurs étant plutôt des actifs d'entreprises qui ne peuvent pas venir compenser les dettes extérieures (des États, des banques). La dette extérieure nette est la différence entre la dette extérieure totale (brute) et les actifs extérieurs détenus par le pays.

La dette extérieure brute de l'Espagne est de 2 300 Mds d'euros fin 2011, celle de l'Italie de 2 200 Mds d'euros, celle du Portugal de 500 Mds d'euros, celle de la Grèce de 400 Mds d'euros, celle de la France de 300 Mds d'euros.

## *Comment faire disparaître le déficit extérieur des pays désindustrialisés ?*

Dans une union monétaire sans fédéralisme, comme la zone euro, il faut donc faire disparaître les déficits extérieurs pour arrêter l'accumulation de dettes extérieures. Comment faire disparaître le déficit extérieur de pays désindustrialisés ? Ceci a été analysé dans les chapitres 2 et 3. Si un pays a une industrie de petite taille (France, Espagne, Grèce, Portugal) la dévaluation ou l'amélioration de la compétitivité ne marchent pas.

Si les exportations sont de petite taille par rapport aux importations, dévaluer accroît le prix des importations et cet effet domine l'amélioration des exportations qui sont trop petites, d'où au contraire une dégradation du commerce extérieur. Ceci vaut aussi bien pour la sortie de l'euro et la dévaluation que pour la dépréciation de l'euro.

Les implications sont importantes. La sortie de la Grèce (de l'Espagne), de l'euro dégraderait la situation de la Grèce (de l'Espagne) ; la dépréciation de l'euro améliore la situation de l'Allemagne, de l'Italie, dégrade celle de la Grèce, de l'Espagne, de la France, du Portugal.

L'amélioration de la compétitivité-coût qui s'observe en Grèce, en Espagne, au Portugal a un effet très limité sur le commerce extérieur d'un pays où l'industrie est de petite taille, car elle ne joue que sur des exportations elles-mêmes de faible taille.

Pour un pays désindustrialisé, la seule solution est alors la réduction du pouvoir d'achat, donc de la demande intérieure, donc des importations, ce qu'on observe aujourd'hui en Espagne, en Grèce, au Portugal, à un moindre degré en Italie. Le pouvoir d'achat des ménages, depuis 2008, a baissé de 12 % en Espagne, de 26 % en Grèce, de 8 % au Portugal, de 4 % en Italie. Les importations, de 2008 à 2012, ont baissé de 23 % en Espagne, de 37 % en Grèce, de 14 % au Portugal, de 8 % en Italie.

L'appauvrissement et la hausse du chômage (au début de 2012, 24 % en Espagne, 22 % en Grèce, 16 % au Portugal, 10 % en Italie) qui résultent de cette politique de réduction du déficit extérieur par la réduction du pouvoir d'achat rendent cette politique le plus souvent inacceptable politiquement et socialement.

Mais quelle est alors la solution pour les pays désindustrialisés de la zone euro ? La contraction du pouvoir d'achat est rejetée (Grèce, Espagne...) ; la sortie de l'euro, la dévaluation, la dépréciation de l'euro, les gains de compétitivité... sont inefficaces voire contre-productifs.

S'il n'y a pas de changement des institutions (mise en place du fédéralisme sous une forme ou une autre), la situation de ces pays est donc grave. Avant la création de l'euro, leur industrie était de plus grande taille qu'aujourd'hui et leur commerce extérieur était équilibré : en 1994, la Grèce, l'Espagne, l'Italie, le Portugal et la France avaient des excédents de leur balance courante. À cette époque, une dépréciation du change améliorait le commerce extérieur, comme on l'a vu en 1992-1993 avec l'explosion du système monétaire européen en Espagne, en Italie, au Portugal ; ces pays ayant alors connu un très rapide retour à l'équilibre extérieur.

Mais la participation à l'euro a accéléré la désindustrialisation, en France, en Espagne, en Grèce, au Portugal, d'où aujourd'hui une situation où la dépréciation du change n'améliore plus le commerce extérieur de ces pays.

La morale est donc claire : ne doivent participer à une union monétaire sans fédéralisme que des pays qui ont des structures productives voisines, en particulier des capacités à exporter voisines, ce qui est lié à des fonctionnements similaires des marchés (marché du travail, marché des biens et services, marché du crédit...).

La situation des pays désindustrialisés de la zone euro est désormais très préoccupante : la dévaluation, la dépréciation de l'euro n'améliorent plus leur commerce extérieur, et il ne reste comme possibilité pour rééquilibrer leurs comptes extérieurs que la réduction forte du niveau de vie. Si les pays de la zone euro ne veulent définitivement pas de fédéralisme, il n'aurait pas fallu que rentrent dans la zone euro les pays que la participation à l'euro allait fortement désindustrialiser

(Espagne, France, Portugal) ou qui étaient déjà désindustrialisés (Grèce).

Aujourd'hui, de ce fait, soit les institutions vont être rapidement modifiées dans le sens du fédéralisme ; soit certains pays vont devoir accepter un appauvrissement majeur ; soit certains pays vont sortir de la zone euro mais ceci ne réglera pas leurs problèmes, puisque l'euro a accéléré leur désindustrialisation.

### *Un risque majeur sur la croissance de long terme et sur le sens de la zone euro*

Une multitude de mécanismes est en train de conduire à la baisse de la croissance potentielle de long terme dans la zone euro, croissance qui est déjà pourtant faible comme celle de la productivité du travail et celle de la population en âge de travailler : de 1999 à 2012, la productivité par tête de la zone euro a augmenté de moins de 10 % ; la population en âge de travailler diminue maintenant de 0,2 % par an, avec une baisse qui s'accélère à 0,5 % par an en 2020.

La croissance potentielle de la zone euro est inférieure à 1 %, un niveau qui serait entièrement consommé par la hausse des prix des matières premières et le vieillissement démographique.

On peut craindre en effet les conséquences sur la croissance potentielle de la zone euro des évolutions liées à la crise. Il y a la baisse des investissements publics utiles décidée par les États qui doivent réduire les déficits publics. Il n'est pas rassurant d'entendre le gouvernement espagnol décider d'une réduction des dépenses d'éducation pour diminuer le déficit public. L'investissement public de la zone euro ne représente plus en 2012 que 2,2 % du PIB de la zone euro, contre 2,5 à 2,8 % avant la crise, alors qu'il faudrait au contraire préparer l'avenir par des investissements utiles.

On observe aussi la baisse de l'investissement productif des entreprises, malgré la remontée de la profitabilité des entreprises ; les entreprises n'ont pas de perspectives de croissance et ont donc adopté une attitude extrêmement prudente. Les profits des entreprises sont remontés, en pourcentage du PIB, presque au niveau d'avant crise, tandis que l'investissement a reculé de 9,4 à 8,5 % du PIB, c'est-à-dire une baisse de 10 % du taux d'investissement.

L'incertitude économique (hausse du chômage, qui atteint 11 % pour l'ensemble de la zone euro, perspectives de politiques budgétaires encore plus restrictives), et la crainte de l'explosion de la zone euro ont conduit les ménages à développer une épargne élevée et les ménages et les investisseurs à renationaliser leurs portefeuilles, c'est-à-dire à fortement y diminuer la part des actifs des autres pays de la zone euro. Mais la hausse de l'épargne de précaution ne profite pas à la croissance de long terme (les entreprises s'autofinancent) et l'épargne de la zone euro est absorbée par le financement des déficits publics. La renationalisation des portefeuilles explique la baisse des taux d'intérêt à long terme dans les pays ayant des excédents extérieurs (Allemagne, Pays-Bas, Finlande) et la hausse des taux d'intérêt dans les pays ayant des déficits extérieurs (Espagne, Italie, Grèce, Portugal, Irlande).

Une autre menace portant sur l'efficacité de l'usage de l'épargne dans la zone euro est la « répression financière ». Il s'agit d'abord d'un ensemble de mécanismes (réglementations des intermédiaires financiers, appel public à l'épargne) par lesquels l'État canalise l'épargne du pays vers le financement du déficit public au détriment du financement des investissements productifs privés. Il s'agit aussi de choix de politique monétaire permettant à l'État de se financer à des taux d'intérêt anormalement faibles. La répression financière est bien sûr une des composantes de la renationalisation de l'épargne.

De la création de l'euro à la crise, l'Allemagne a prêté aux pays déficitaires des sommes équivalentes à 40 % de son Produit Intérieur Brut, les Pays-Bas 80 %, la Belgique 40 %, la Finlande 20 %. Ces transferts d'épargne ont cessé avec la crise de la zone euro. La forte baisse du degré de mobilité internationale du capital entre les pays de la zone euro empêche une allocation efficace de l'épargne entre ces pays.

Les pays du Sud de la zone euro, ayant un capital par tête beaucoup plus faible que les pays du Nord (60 000 € en Grèce, 140 000 € en France et en Italie) ont normalement une rentabilité marginale du capital forte, mais pourtant ne bénéficient plus de l'investissement des excès d'épargne des pays du Nord de la zone euro. À l'inverse, l'épargne des pays du Nord de la zone euro s'investissant maintenant de préférence dans les mêmes pays du Nord, il y a dans ces pays une hausse inefficace des prix des actifs, comme on le voit en Allemagne pour les actions, les obligations d'entreprise, et même dans la période récente pour les prix de l'immobilier. Cette hausse des prix des actifs est due à l'excès de demande d'actifs.

Dans les pays en difficulté, la hausse des primes de risque sur les dettes publiques se transmet aux entreprises et aux banques. La hausse de ces primes de risque (qui sont un mélange de primes de risque de défaut et de primes de risque de change) déprime bien sûr l'investissement. Enfin, la hausse du chômage de long terme (46 % du chômage total dans les pays du Sud), du chômage des jeunes (presque 22 %) conduisent à une perte de capital humain : car le chômage de long terme détruit du savoir-faire.

La baisse des investissements publics et privés, la hausse des primes de risque, la canalisation de l'épargne vers le financement des déficits publics, l'arrêt de l'allocation efficace de l'épargne entre les pays de la zone euro avec la renationalisation des portefeuilles, la perte de capital humain, conduisent évidemment à une perte de croissance de long terme.

Le redressement de la croissance de long terme de la zone euro nécessite un redressement de la confiance des entreprises, pour qu'elles investissent davantage. Les ménages et les investisseurs doivent aussi retrouver la confiance pour diversifier à nouveau internationalement leurs portefeuilles. Pour que les investisseurs acceptent des primes de risque plus faibles sur les dettes et que les États n'envisagent pas de réduire les investissements publics nécessaires, à nouveau la confiance est nécessaire.

### *Mais que veut dire restaurer la confiance ?*

Dans une logique de court terme, que s'arrête l'enchaînement dépressif entre la perte de croissance et la dégradation des finances publiques (par exemple en Espagne, mais aussi en Grèce, en Italie, aux Pays-Bas...). Ceci implique probablement d'étaler dans le temps la réduction des déficits, de stimuler globalement la croissance européenne (par la politique de demande en Allemagne, par les investissements européens, par la dépréciation de l'euro...). Ceci implique aussi l'existence d'un Prêteur en Dernier Ressort crédible pour lutter contre les crises de liquidité, d'où la question du rôle, dans le futur, de la BCE.

Dans une logique de long terme, restaurer la confiance suppose que soient mises en place des institutions assurant la stabilité de la zone euro et la permanence de l'euro. On sait que le problème essentiel est l'incompatibilité entre l'hétérogénéité des pays de la zone euro et des institutions prévues pour une zone euro homogène. Certes, une partie de l'hétérogénéité est indésirable : elle vient par exemple de hausses trop rapides des coûts de production et de l'endettement dans certains pays.

Cette hétérogénéité indésirable doit être corrigée par une surveillance collective et sérieuse des politiques et des structures économiques. Mais une partie de l'hétérogénéité est désirable : elle vient de l'exploitation normale des avantages comparatifs et des dotations en facteurs de production, et conduit à des tailles très différentes de l'industrie, à des situations très différentes des balances courantes.

Les institutions de long terme de la zone euro doivent être compatibles avec la partie désirable de l'hétérogénéité. Si sa présence implique des déséquilibres persistants et normaux des balances courantes, il est indispensable que les institutions puissent s'accommoder de ces déséquilibres, ce qui nécessite évidemment des transferts publics des pays excédentaires vers les pays déficitaires donc une forme ou une autre de fédéralisme.

La perte de confiance dans la zone euro vient à la fois des difficultés de court terme (perte de croissance rendant impossible la réduction des déficits publics, hausse du chômage) et des difficultés de long terme (institutions ne pouvant pas accepter l'hétérogénéité des pays). Mais, si la confiance ne revient pas, la baisse de l'investissement public et privé, la hausse des primes de risque, l'arrêt de la mobilité du capital entre les pays de la zone euro, le chômage de long terme... vont détruire la croissance de long terme (potentielle) de la zone euro.

Les réformes institutionnelles qui donneraient aux pays une autre perspective que l'austérité visant à restaurer l'homogénéité de la zone sont donc urgentes.

Que se passera-t-il si rien n'est fait ? Croissance très faible, comme on vient de le voir ; régions affectées durablement par un chômage très élevé, avec de plus, la faible mobilité des salariés entre les pays de la zone euro. Le pire dans cette hypothèse est que la zone euro ne sert plus à rien si elle ne permet plus l'allocation efficace de l'épargne des Européens. La renationalisation de l'épargne prive l'euro de son apport majeur qui était la circulation facile de l'épargne entre les pays de la zone euro pour financer les projets les plus rentables et les plus porteurs de croissance.

La zone euro n'a pas de sens non plus si elle ne permet plus que les spécialisations productives légitimes des pays soient mises en place, ce qui nécessite on l'a vu une hétérogénéité normale et contrôlée.

## *Le scénario du pire*

L'éclatement de l'euro aurait, on l'a vu plus haut, des coûts considérables, d'autant plus que les pays ont, depuis la fin des années 1990, accumulé des dettes et des actifs considérables les uns vis-à-vis des autres en euros, d'où d'énormes pertes en capital en cas de disparition de l'euro. On pourrait penser que la présence de ces coûts prémunit contre l'éclatement de l'euro, mais il existe cependant un scénario du pire, car l'éclatement peut être autoréalisateur.

Si les citoyens d'un pays et si les investisseurs des autres pays anticipent que ce pays va quitter l'euro, ils vont vouloir se prémunir contre cet événement, donc couvrir ce risque de change nouvellement apparu. Il y aura alors, comme on l'a vu en Grèce (où, au premier semestre 2012, 130 milliards d'euros de billets en euros sont retirés des banques), course aux dépôts *bank run* de la part des épargnants du pays, ce qui déclenche une crise de liquidité bancaire; vente des actifs du pays par les non-résidents, ce qui déclenche une crise de balance des paiements (ou *sudden stop*), d'où finalement une sortie de l'euro et une dévaluation inévitables même si elles sont irrationnelles et catastrophiques.

Pour l'éviter, la seule solution et de donner aux citoyens une perspective économique (fin de la seule austérité, aide à la reconstruction des économies) et institutionnelle (avancées vers le fédéralisme) qui soit crédible.

## *Le scénario « moral »*

On peut de la crise de la zone euro prendre une vue positive : que va-t-il le plus probablement se passer (la sortie de la Grèce ; le sauvetage de l'Espagne ; la marche vers des institutions fédéralistes) ? Mais on peut aussi prendre une vue normative, « morale » : qui est responsable de la crise ? Ce qui précède montre qu'il s'agit d'un aveuglement très collectif : les gouvernements et les institutions européennes n'ont pas vu que les bulles d'endettement et de l'immobilier montaient ; les banques et les investisseurs ont acheté des dettes risquées sans exiger de primes de risque, d'où la disparition de la discipline de marché ; la BCE n'a pas modifié sa politique monétaire, centrée sur le contrôle des prix ; pour réagir au surendettement et aux bulles dans plusieurs pays de la zone euro (Espagne, Irlande, Portugal, Grèce) ; les pays du Nord (banques, investisseurs institutionnels) ont prêté leur épargne sans condition et à des taux d'intérêt très faibles aux pays du Sud ; les Agences de notation n'ont rien vu venir.

La responsabilité de la crise est donc extrêmement collective : BCE, institutions européennes, gouvernements du Nord et du Sud de la zone euro, banques et investisseurs. Il serait donc « moral » que la résolution de la crise soit aussi collective : achats de dettes par la BCE, mutualisation d'un certain nombre de dettes, abandon d'une partie de créances par les intermédiaires financiers, mise en place de différentes formes de fédéralisme...

Vouloir faire porter le poids de la crise aux seuls pays en crise (baisse de la demande, politiques budgétaires restrictives...) est dont très « immoral ».

# Annexes

## *La surveillance budgétaire et macroéconomique*

### Principales étapes de la surveillance budgétaire

| | Principales étapes de la procédure | Sanctions financières |
|---|---|---|
| Volet préventif | 1. Les États membres présentent leur programme de stabilité et convergence en avril au plus tard.<br>2. Le Conseil émet des avis sur le programme de stabilité et de convergence avant fin juillet et peut inviter un État membre à ajuster son programme.<br>3. En cas d'écart excessif par rapport à la trajectoire d'ajustement, la Commission peut adresser un avertissement à un État membre.<br>4. Le Conseil adresse une recommandation à l'État membre pour l'inviter à prendre des mesures effectives.<br>5. L'État membre fait rapport au Conseil sur les mesures adoptées.<br>6. Si les mesures sont jugées insuffisantes, le Conseil adresse une recommandation à l'État membre. | Dépôt portant intérêt d'un montant de 0,2 % du PIB, imposé par un vote à la majorité qualifiée inversée (nouvelle sanction proposée) |

| | | |
|---|---|---|
| Volet correctif | 1. La Commission élabore un rapport sur l'État membre dont le déficit et/ou la dette excède la valeur de référence, en prenant en compte les facteurs pertinents.<br>2. Le Conseil constate l'existence d'un déficit excessif et adresse des recommandations à l'État membre<br>3. Rapport sur les actions suivies d'effets engagées par l'État membre concerné.<br>4. Le Conseil examine les actions suivies d'effets.<br>5. Si les mesures sont jugées suffisantes, suspension de la procédure de déficit excessif ou nouveau délai prescrit en cas d'évènements économiques défavorables imprévus.<br>Si les mesures sont jugées insuffisantes, décision du Conseil sur l'insuffisance d'actions suivies d'effets.<br>6. Le Conseil met en demeure l'État membre de prendre les mesures visant à la réduction du déficit.<br>7. L'État membre peut faire l'objet d'une notification et d'une surveillance supplémentaire.<br>8. Rapport sur les actions suivies d'effets engagées par l'État membre concerné.<br>9. Si les mesures sont jugées suffisantes, suspension de la procédure de déficit excessif ou nouveau délai prescrit en cas d'évènements économiques défavorables imprévus.<br>Si les mesures sont jugées insuffisantes, le Conseil peut appliquer ou renforcer les mesures aussi longtemps que l'État membre ne se conforme pas à la recommandation. Ces mesures incluent une obligation de publier des informations supplémentaires, une invitation à la Banque européenne d'investissement de reconsidérer sa politique de prêt à l'égard de l'État membre concerné ou le paiement d'une amende. | Dépôt ne portant pas intérêt d'un montant de 0,2 % du PIB, imposé par un vote à la majorité qualifiée inversée (nouvelle sanction proposée)<br>Amende d'un montant de 0,2 % du PIB, imposée par un vote à la majorité qualifiée inversée (nouvelle sanction proposée)<br>Amende d'un montant maximum de 0,5 % du PIB imposée par un vote à la majorité. Cette sanction existe déjà de façon optionnelle dans le dispositif en vigueur. |

*Sources : BCE, NATIXIS*

## Principales étapes de la surveillance macroéconomique

| | Principales étapes de la procédure | Sanctions financières |
|---|---|---|
| Détection des déséquilibres (volet préventif) | 1. Le rapport de la commission évalue l'ensemble des 27 États membres au regard des seuils définis dans le tableau de bord ; le tableau de bord est mis à jour au moins une fois par an.<br>2. Discussion par le Conseil du rapport de la Commission.<br>3. Si des États membres sont jugés en situation de déséquilibre ou en risque de déséquilibre, la commission procède à un examen approfondi.<br>4. La Commission formule des recommandations et informe le Conseil sur les États membres enregistrant des déséquilibres.<br>5. Le Conseil adresse des recommandations à l'État membre concerné.<br>6. Le Conseil examine une fois par an la conformité aux recommandations et peut modifier celles-ci le cas échéant. | |
| Procédure concernant les déséquilibres excessifs (volet correctif) | 1. La Commission formule des recommandations et informe le Conseil sur les États membres enregistrant des déséquilibres « excessifs » sur la base d'un examen en profondeur.<br>2. Le conseil constate l'existence d'un déséquilibre excessif et adresse des recommandations de la Commission.<br>3. Présentation du plan de mesures correctives par l'État membre concerné<br>4. Dans les deux mois qui suivent la présentation du plan de mesures correctives et sur la base d'un rapport de la Commission, le Conseil évaluera le plan en question.<br>5. Si le plan est jugé suffisant, le Conseil adoptera un avis favorable. | |

| | | |
|---|---|---|
| | Si le plan est jugé insuffisant, le Conseil invitera l'État membre à modifier son plan de mesures correctives en lui imposant un nouveau délai prenant en compte l'ampleur et le degré d'urgence des déséquilibres à traiter ainsi que la capacité des politiques à remédier à la situation.<br>6. Le Conseil décidera si l'État membre concerné a pris ou non les mesures correctives recommandées.<br>7. L'État membre fera l'objet de rapports et d'une surveillance réguliers.<br>8. Rapport sur les mesures prises par l'État membre concerné.<br>9. La procédure concernant les déséquilibres excessifs sera close lorsque le Conseil aura conclu, sur la base d'une recommandation de la Commission, que l'État membre n'est plus en situation de déséquilibres excessifs.<br>Si, de façon répétée, un État membre ne s'est pas conformé aux recommandations du Conseil pour remédier aux déséquilibres excessifs, il devra s'acquitter d'une amende annuelle jusqu'à ce que le Conseil ait établi que des mesures correctives ont été prises. | Amende d'un montant de 0,1 % du PIB, imposée par un vote à la majorité qualifiée inversée |

*Sources : BCE, NATIXIS*

## *Surveillance macroéconomique : tableau de bord*

1. Évolution moyenne sur trois ans du solde courant des pays, la valeur de référence se situant entre +6 % et -4 % du PIB
2. Position extérieure nette des pays supérieure à -35 % du PIB
3. Variation sur cinq ans des parts de marché à l'exportation, avec un seuil fixé à -6 %
4. Variation sur trois ans des coûts salariaux unitaires nominaux, avec un seuil fixé à +9 % par rapport à la moyenne de l'UEM et +12 % par rapport aux autres pays de l'UE
5. Variation sur trois ans des taux de change effectifs réels basés sur les déflateurs IPCH/IPC relatifs à 35 autres pays industriels, avec des seuils variant entre +/- 5 % pour la ZE et +/- 11 % pour le reste le l'UE
6. Dette brute du secteur privé inférieure à 160 % du PIB
7. Flux annuels de crédits au secteur privé inférieurs à 15 % du PIB
8. Progression annuelle des prix réels des logements inférieure à 6 %
9. Dette des administrations publiques inférieure à 60 % du PIB
10. Taux de chômage moyen sur trois ans inférieur à 10 %

Sources : Commission Européenne, Natixis

## Coordination des politiques économiques dans le cadre du Semestre Européen : Surveillance des politiques budgétaires, macroéconomiques et structurelles menées par les États membres

| | Orientations stratégiques pour l'UE et l'ensemble de la Zone euro | | | | Orientation spécifique à chaque pays | | | Deuxième semestre |
|---|---|---|---|---|---|---|---|---|
| | | | Rapport des différents pays | | | | | |
| | Janvier | Février | Mars | Avril | Mai | Juin | Juillet | |
| Commission européenne | Examen annuel de la croissance | | | | | Orientations stratégiques et recommandations éventuelles | | |
| Conseil des ministres / Parlement européen | | Discussions et orientations | | | | | Finalisation et adoption des orientations | |
| Conseil européen | | | Sommet économique annuel | | | | Approbation des orientations et des éventuelles recommandations | |
| États membres | | | Notifications budgétaires | Programmes nationaux de réformes et Programmes de stabilité et de convergence | | | | Adoption des budgets pour l'année suivante |

En continu : surveillance et si nécessaire, recommandations au titre des volets préventif et correctif du Pacte de Stabilité et de Croissance

*Sources : Commission Européenne, NATIXIS*

## *Renforcement de la discipline budgétaire : tableau de bord*

### Dans le cadre du Pacte de Stabilité et de Croissance renforcé (Six-pack) entré en vigueur le 13 décembre 2011

La procédure de déficit excessif peut conduire à des sanctions financières décidées à la majorité qualifiée inversée : les États membres (EM) qui sont en procédure de déficit excessif vont devoir se conformer aux recommandations spécifiques que leur adressera le Conseil en vue de corriger leur déficit excessif. S'ils ne le font pas, les pays de la zone euro (ZE) risquent des sanctions financières.

La dette publique peut désormais faire l'objet d'une procédure de déficit excessif si elle dépasse 60 % de son PIB, même si son déficit est en dessous des 3 % et dans le cas où le fossé entre son niveau de dette et le seuil de 60 % n'est pas réduit de 1/20 chaque année (en moyenne sur trois ans).

Sont désormais prévues des limites à la croissance annuelle des dépenses publiques, ainsi que des sanctions en cas de déviation majeure dans l'exécution budgétaire (dépôt portant intérêt de 0,2 % du PIB en cas de non-correction continue proposé par la Commission et adoptée à la majorité qualifiée inversée au Conseil).

### Dans le cadre du Traité sur la stabilité, la coordination et la gouvernance au sein de l'Union économique et monétaire (TSCG) en cours de ratification.

Application aux pays de la zone euro d'une règle d'équilibre budgétaire comprenant un mécanisme de correction automatique et renforcement de la procédure concernant les déficits excessifs.

Selon cette règle, la situation budgétaire des administrations publiques d'une partie contractante est en équilibre ou en excédent si le solde structurel annuel des administrations publiques correspond à l'objectif à moyen terme spécifique à chaque pays, tel que défini dans le Pacte de Stabilité et de Croissance révisé, avec une limite inférieure de déficit structurel de 0,5 % du PIB au prix de marché. Un déficit structurel plus élevé est autorisé si le rapport dette publique sur PIB est sensiblement inférieur à 60 %.

La convergence vers les objectifs à moyen terme respectifs, dont le calendrier sera proposé par la Commission Européenne, doit être rapide et fera l'objet d'une évaluation globale. Un écart temporaire ne sera toléré qu'en cas de circonstances exceptionnelles, à condition que cet écart ne mette pas en péril la soutenabilité des finances publiques à moyen terme.

Cette règle inclut un mécanisme de correction déclenché automatiquement si des écarts importants sont constatés par rapport à l'objectif à moyen terme ou à la trajectoire d'ajustement propre à permettre sa réalisation (obligation pour la partie contractante concernée de mettre en œuvre des mesures visant à corriger ces écarts sur une période déterminée).

Le renforcement de la procédure concernant les déficits excessifs

Le TSCG va au-delà des dispositions déjà adoptées dans le cadre du Six pack : les pays faisant l'objet d'une procédure de déficit budgétaire pour non-respect du critère de déficit auront l'obligation de soumettre des programmes de partenariat budgétaire et économique « comportant une description détaillée des réformes à établir et à mettre en œuvre pour assurer une correction effective et durable de son déficit excessif » qui feront l'objet d'un suivi par le Conseil de l'Union européenne et par la CE.

De plus il est également stipulé que, en vue de mieux coordonner la planification de leur émission de dette nationale, les pays membres de la zone euro donnent à l'avance au Conseil de l'Union européenne et à la Commission européenne des indications sur leurs plans d'émissions de dette publique.

# Glossaire

**Actifs extérieurs** : détention par un pays d'actifs financiers ou réels émis ou localisés dans le reste du monde.

**Avantages comparatifs** : les déterminants (technologie, quantité disponible des facteurs de production, rendements d'échelle) de la spécialisation productive optimale.

**Base monétaire** : encours de liquidité créé par la Banque centrale.

**CDS** (*Credit Default Swap*) : instrument financier permettant de se protéger contre le défaut d'un emprunteur.

**Collatéral** : garantie (hypothécaire) fournie par un emprunteur au prêteur.

**Compétitivité** : capacité à conserver ou à augmenter ses parts de marché.

**Compétitivité-coût** : capacité à conserver ou à augmenter ses parts de marché en raison d'un coût de production stable ou en baisse par rapport aux concurrents.

**Compétitivité hors prix** : capacité à conserver ou à augmenter ses parts de marché pour des raisons autres que le prix (qualité, complexité du produit, du service après-vente).

**Contrainte extérieure** : impossibilité de conserver un déficit extérieur durable en raison de l'accumulation induite de dette extérieure.

**Coupon** : revenu périodique versé au détenteur d'une obligation.

**Courbe de Laffer** : relation d'abord croissante puis décroissante entre la pression fiscale et les recettes fiscales.

**Crise de balance des paiements** : crise financière venant de la grande difficulté pour un pays à obtenir des prêts d'investisseurs étrangers

**Crise de liquidité** : incapacité pour un emprunteur solvable à trouver des financements.

**Crise de solvabilité** : incapacité pour un emprunteur à rembourser ses dettes.

**Défaisance** (structure de) : cantonnement (séparation) d'actifs financiers de mauvaise qualité dans un fonds spécialisé.

**Défaut** : arrêt partiel ou complet du paiement des intérêts et du remboursement du capital d'une dette.

**Déflateur** : prix permettant de passer de la valeur en monnaie courante au volume (quantité physique, monnaie constante).

**Dette extérieure** : cumul de l'endettement extérieur d'un pays dû à son déficit extérieur.

**Dette publique** (souveraine) : dette des administrations publiques (État, collectivités locales, Sécurité sociale).

**Dévaluation – dépréciation** : perte de valeur d'une monnaie contre les devises étrangères.

**EFSF** (*European Financial Stability Facility*)

**ESM** (*European Stability Mechanism*) : fonds européens créés pour investir en dettes publiques (éventuellement bancaires) et faciliter le financement des États.

**Eurobonds** : obligations des États émises conjointement par les pays de la zone euro (si ce sont des bons du Trésor et non des obligations, on parle d'Eurobills).

**Eurosystème** : ensemble des Banques Centrales des pays membres de la zone euro ainsi que la BCE.

**Fédéralisme** : mise en place de transferts publics de toutes natures entre les régions d'un pays ou les pays d'une Union économique et monétaire.

**G.A.** : glissement annuel, taux de croissance d'une variable sur l'année écoulée.

**Multiplicateur budgétaire** : effet sur le Produit Intérieur Brut d'une variation du déficit public, c'est-à-dire de l'écart entre les recettes et les dépenses de l'État.

**Pacte de Stabilité et de Croissance** : accord de limitation des déficits publics des pays de l'Union européenne.

**Point de Base** : unité de taux d'intérêt égale à un centième de point de pourcentage.

**Prélèvements obligatoires** : ensemble des impôts et cotisations sociales.

**Prêteur en Dernier Ressort** : au sens strict, rôle tenu par la Banque centrale quand elle alimente les banques commerciales en cas de crise ; au sens plus large, rôle de la Banque centrale comme fournisseur de liquidités aux États en cas de crise de liquidité.

**Prime de risque** : majoration du rendement d'un actif pour compenser le détenteur de la prise de risque liée à la propriété de cet actif.

**Prix de transfert** : prix de vente de biens et services entre les filiales d'une même entreprise ; pour les multinationales, la gestion des prix de transfert permet l'optimisation fiscale entre les divers pays où elles sont présentes.

**Productivité (moyenne) du travail** : production (PIB) par emploi (ou par heure de travail).

**Productivité marginale du capital** : supplément de production rendu possible par la disponibilité d'une unité supplémentaire de capital.

**Productivité marginale du travail** : supplément de production rendu possible par la disponibilité d'une unité supplémentaire de travail.

**Règle d'or** : règle budgétaire proposée par l'Allemagne visant à faire disparaître les déficits publics structurels, c'est-à-dire les déficits publics corrigés des effets de la situation conjoncturelle.

**Repos (*repurchase agreements*)** : prêts avec collatéral faits par la BCE aux banques.

**Réserves obligatoires** : réserves réglementaires de liquidité que les banques commerciales doivent détenir auprès de la Banque centrale.

**SME** (Système monétaire européen) : accord de limitation des variations des taux de change entre les pays européens, qui n'a été réellement contraignant que de 1987 à 1992.

**Spécialisation productive** : spécialisation d'un pays dans certaines productions, on parle de spécialisation intra-branche s'il s'agit d'une spécialisation entre les différentes variétés d'un même bien, de spécialisation interbranche s'il s'agit de spécialisation dans la production de certains biens.

***Spread* de taux d'intérêt** : écart entre deux taux d'intérêt.

**Supervision macro-prudentielle** : surveillance collective des situations, déséquilibres et des politiques économiques des pays.

**Taux directeur** : taux d'intérêt à court terme fixé (contrôlé) par la Banque centrale.

**VLTRO** : repos (voir plus haut) à très long terme (3 ans).

**ZMO** (Zone monétaire optimale) : pays qui présentent les caractéristiques (spécialisation productive, mobilité des facteurs) leur permettant d'avoir la même monnaie.

conception
réalisation
mise en page
pca
44405 Rezé cedex

Armand Colin Editeur
21, rue du Montparnasse, 75006 Paris
11019720 - (I) - (5) - OSB 90° - ACT - PCA
Dépôt légal : octobre 2012
Imprimerie CHIRAT - 42540 Saint-Just-la-Pendue
N° 201209.0123

*Imprimé en France*